魂の目覚め

新世界への誘い

田林宏章
Tabayashi Hiroaki

善本社

目　次

はじめに

今、魂の目覚めが必要になっています。人間の本質は「魂」であり、生き通しの命であることを知らなくてはなりません。この世が全てではありません。人間は、この世に何度も何度も生まれ変わってきている存在なのです。この世に生まれ、さまざまな経験を通し、魂の成人をなしているのが人間です。そして、その成人の先にあるものは、世界一れつの「陽気ぐらし」です。自分の命がこの世限りだと勘違いしてしまうが故に、この世の地位や名誉、財産や肉体等に執着《しゅうちゃく》してしまうのではないでしょうか。死んで全てが終わるわけではなく、死は新たな始まりでもあります。生き通しの命があります。それが真実です。

永遠の命があるということは、成人の余地が無限にあり、この世における努力が無駄には終わらないことを意味します。それは魂の糧《かて》となり、必ず実りにつながるということです。だからこそ、自らの人生を充実させるべく、積極果敢な人生を生きるべきなのです。自らを生かすことが、他の人々をも生かすことにつながる方向で、魂を鍛え、成人への道のりを歩み続けることです。その道のりは、神へと続く永遠の道のりでもあり、終わりはありません。やがては一人の例外も無く、全てを捨ててあの世へと旅立つ時が訪れます。その時は、突然訪れるかもしれません。まだずっと先のことかもしれません。その時がいつ来るかは分かりませんが、やがて訪れる「その時」に備え、今回の人生をできるだけ後悔することのないように精いっぱいに生きたいものです。

さて、今、日本のみならず、世界が混沌《こんとん》とした大きな時代の流れに呑《の》み込まれつつあるように感じます。従来の価値観や制度がガラガラと崩壊しつつあり、極めて先の見えにくい時代に突入してきました。政治は混迷を続け、近隣諸国との関係においては、領土問題をはじめ、国家の主権が脅かされるような異常事態が起きております。「平和ボケ」とはよく言われますが、従来、それほど深刻に考えずに済んできた国の安全、あるいは人間存在の意味など、こうした根源的な問題に対し、改めて思案し、進むべき方途《ほうと》を見い出してゆかねばならない時代が到来しています。

情報が氾濫《はんらん》し、価値観が多様化し、物事が激しく変化する現代にあって、私たち現代人は一体どのように生きればよいのでしょうか。何を頼りに生きればよいのでしょうか。一体何に気がつけばよいのでしょうか。こうした混迷の時代であるからこそ、やはり原点に帰ること、本元を知ることが大切であると思います。つまり、人々を陽気ぐらしへと導きうる確かな「真実」が今、求められていると感じるのです。

では一体誰がこうした「真実」を教えてくれるというのでしょうか。学校でしょうか。残念ながら、現在の学校教育では、こうした「真実」を伝えきれないでいるようです。家庭でしょうか。やはり残念ながら親自身でさえそうした真実をよく知らないようなので、やはり伝えきれずにいるようです。それではテレビや新聞等のマスコミでしょうか。マスコミはむしろこの世のことだけに関心があるようで、神だとか信仰といった目には見えない世界には目を背け、魂の「真実」への目覚めを妨《さまた》げているようにさえ思えます。

「真実」を伝えるべきは、やはり信仰者です。それは人間の命の元が生き通しの「魂」であることを確信し、行動する信仰者です。生命の原点である「魂」の視点に立ってこの世を見、まだ目に鱗《うろこ》がかかっている人々を啓蒙《けいもう》し、世直しを断行する目覚めた信仰者です。頭だけではなく、心で「真実」をつかみとった信仰者です。そうであるならば、私たち信仰者に課せられた責務は限りなく大きいと言えます。

その責務を果たすために、改めて自らの信仰を見つめ直し、自らを変革する決意が必要です。勇気が必要です。自らの内に眠っている力を目覚めさせ、自らの信仰心を練り上げ、与えられた命を最大限に燃焼せずしては、誠にもったいない限りです。「信仰」は人間に最大の力を与えるものです。そうした力を感得し、体現し、多くの信仰ある方々と共々に新しい時代を切り拓《ひら》き、陽気ぐらし世界建設を前進させてゆきたいと心より願う次第です。

第一章　信仰への誘《いざな》い

①生い立ち

私は東京にある天理教東悠《とうゆう》分教会の次男として一九六〇年十月二十四日に生まれました。十月二十四日は、陰暦ではありますが、親神様がはじめて教祖中山みき様を通じて啓示を降ろされたと伝えられる日です。

わが家は代々の天理教で、教祖が現身《うつしみ》をお隠しになられた明治二十年（一八八七年）が信仰の元一日となります。幼少時より宗教的な環境で育ったお陰で、目には見えない神様の存在は、漠然とではありますが、信じていたように思います。

両親は、私に対し、特に信仰を強要するようなこともなく、自由にさせてくれました。

天理教の教会子弟としては、多少珍しいケースかと思われますが、地元の小中学校を卒業した後、キリスト教系の高校に通うことになりました。入試時の面接では、宗教が違うことに対し、逆に心配もされましたが、入学後、特に問題を感じた覚えはありません。ミッションスクールだけあって、毎朝チャペルで礼拝の時間がありました。聖書の一節を読み、その解説のような説教を聴き、そして大きなパイプオルガンの荘厳な調べにあわせて賛美歌を歌い、主に祈りを捧《ささ》げていました。よく分からないながらも、そうした礼拝の時間にはどこか敬虔《けいけん》で厳粛な雰囲気があり、機嫌よく心地よい時間を過ごしていました。

授業では、「聖書」の時間があり、イエス・キリストの教えを学びました。愛と許しの教えです。マタイやマルコ、ヨハネ等、使徒の福音書を学び、また、数々の奇跡についての話などは興味深く聴いていたように思います。その一方で、聖書の先生が同じく担当していた倫理・社会の授業では、マルクスの『共産党宣言』が読書課題として出され、レポートを書かされたことが記憶に残っています。先生は、イエスの平等な愛の思想と、マルクスの共産主義的な平等思想に共通点を見い出していたのかもしれません。しかし、私の個人的感想としては、両者の思想はうまく融合せず、なんとなく違和感を感じていたことが思い出されます。

高校を卒業後、大学では経済学を専攻しました。高校時代は地学（地球科学）が大好きで、理学部を目指そうとしたこともあったのですが、まだ将来進むべき道もぼんやりしていたこともあり、結局つぶしの利く経済学部を選んだように記憶しています。

当時はマルクス経済学と近経、すなわち、ケインズ等に代表される近代経済学が、経済学の二つの大きな柱になっていたと思います。特に内容を調べて選択した訳ではなく、なんとなく本能的に選択したのですが、進学した大学では近代経済学が中心でした。後になってみると、マルクスは現代に至る唯物論の元凶に当たるような方で、いわば宗教の対極にある人物であることが分かり、宗教に親和性を感じる私の本能的選択は正しかったと安堵《あんど》しました。「宗教はアヘンである」といったマルクスの言葉は、現代においてもその禍根を深く残しているようで、特に戦後の日本人の宗教に対する偏見を助長させ、宗教そのものの信用を大きく損なってきたように思います。

さて私は高校時代から、なぜか漠然と学校教育に関心があり、将来は自分が理想とする学校をつくりたいと思っていました。本来のあるべき教育と現実の教育との間にギャップを感じていたからです。そうした思いがあってか、大学時代には経済学部に在籍していたにも拘《かかわ》らず、教育関係の本をよく読んでいました。教員免許も取得し、採用試験にも合格してはいたのですが、いざ、就職の段になると、親族の強い勧めもあり、一般企業に就職することにしました。将来学校の先生になるにしても、その前に社会勉強の一環として社会で働く経験が必要であろうとの配慮からです。

そうはいっても、友人達の多くが金融機関や商社への就職を目指し、あるいは国家公務員や資格試験に臨む一方、私自身はどうもはっきりとした進路が定まらず、就職に向けた会社訪問も、商社、証券会社、銀行、メーカー、不動産会社など、脈絡も無く訪問していました。世界を視野に入れた国際的な仕事がしたいという漠然とした思いはありましたが、実際は面接した方々の印象や会社の雰囲気にも大きく影響を受けたように思います。結局、石油化学を中心とする国際的でダイナミックな仕事が大半を占めていたエンジニアリング会社に就職することに決めました。発展途上国に淡水化プラントが建設されるビデオを視聴し、その国の人々が心から喜んでいた様子に心を揺さぶられたことが、単純ながらも決定要因になったように思います。世の人々に貢献できることには、やはり素直な感動があり、素晴らしさがあります。

入社後は、財務部プロジェクト資金課という、新人としては異例の部署に配属されました。異例というのは、かなりハードな国際金融の第一線を担当する部署だったので、通常、経験と知識を兼ね備えた、ある程度の金融のベテランが配属されるような部署であったからです。実際、私が机を並べて一緒に仕事をしていた方々は、三菱商事や三菱銀行（当時）の国際金融部門で十年ほども実務経験を積んでこられたような方々でした。新人の私は何も分からない、いわばひよっこ同然で、周囲の先輩方には随分と面倒をおかけしたと思います。言葉を換えれば、いろいろな面で随分と鍛えていただきました。

主な仕事は、産油国を中心とした石油やパイプライン建設といった巨大プロジェクトに必要となる巨額の資金をいかにファイナンス（金融）するかであり、貿易、決済、為替、法律、保険、世界情勢等、多岐にわたる実務知識の習得には骨が折れました。加えて分厚い契約書は全て英語で書かれ、しかも専門用語が多く、その支払条件の作成や交渉には悪戦苦闘を余儀なくされました。とはいっても、担当者になったからには会社を代表することを意味し、「新人」といった言い訳もきかないため、プレッシャーもかかります。そうした中で、私は各種の巨大プロジェクトの長期にわたる収益分析をいわば専門分野として担当し、企業戦士として鍛えられる日々を送りました。

②インドネシア赴任―教祖《おやさま》との出会い

こうした企業戦士としての激務にも多少慣れてきた二十代後半、私はインドネシア赴任を命じられます。同国の国家プロジェクトであるＬＮＧ（液化天然ガス）プラント建設に従事するためです。私はその財務・経理を担当する若きマネジャーとして首都ジャカルタに赴任し、多くの現地の方々と共に仕事をすることになりました。ジャカルタだけではなく、日本の約二倍ほどの面積があるカリマンタン島のボンタンという赤道直下のプラント建設現場にも赴任しました。そこは灼熱《しゃくねつ》の太陽の下、大自然と人間の叡智《えいち》とがぶつかりあう闘いの場でもありました。

切り拓かれた広大なジャングルには、銀色に輝く巨大なタンクやタワーが聳《そび》え立ち、パイプラインが縦横に走っています。日本では目にすることのできないそうしたダイナミックな建設現場には深い感動さえ覚えました。その一方で、幾年もの長期にわたる建設期間中には、火災や事故で死亡する人たちが出るなど、厳しい環境でもありました。そうした環境に身を置くと、身体の細胞は活性化し、日本のオフィスでは経験できないような緊張感と充実感のある日々を送っていたように思います。

さて、そのようなインドネシア赴任中、私の人生にとっては一大転機となる「事件」が起こりました。それは私がジャカルタにいた時に体験した、夢における教祖との出会いです。それは一九八九年の二月、ジャカルタ中心部から少しはずれた住宅街の、とあるマンションの二階に住んでいた時に起こりました。夜、私は次のような夢を見たのです。

闇夜の中、遠くからまばゆいばかりの真っ白い光を放ちながら五人の方々が縦に一列に並んで私に向かって近づいてきます。先頭は教祖です。全身から燦燦《さんさん》と神々しい光を発散し、拍子木を叩きながら歩いて来られます。そのすぐ後ろにはこかん様が続きます。こかん様はまだ幼く、小学校の低学年くらいだったように思います。片手にでんでん太鼓を握り、それを顔の前に立て、なぜかもう一方の手でトントンと叩いていました。その後ろには三人の男性が続いていました。男性の先頭はご本席様でした。あとの二人は分かりません。

五人は拍子木と太鼓に合わせ、歌を歌いながら私の方に近づいて来、そして私の身体をすり抜けて遠ざかっていきました。生身の身体であれば当然ぶつかるのですが、夢のなかではスーッと通り抜けていきます。その瞬間、私は、ガバッとベッドから跳ね起き、すぐに窓から首を出して五人が歩き去っていった方角を見ました。それは丁度明け方の四時。まだあたりは真っ暗で、イスラム教国であるインドネシアらしく、コーランの祈りのような声が闇夜に流れていました。あまりに鮮やかな夢であり、五人が唱和していた歌のメロディーと歌詞が耳の奥でしばらくこだましていました。

実は、天理教の教会に生まれながらも、当時は座りづとめ以外はおつとめもろくにできない状態でしたので、夢の中で聞いた歌がみかぐらうたの一節であったことが後で分かり、「不思議なことがあるものだ」と思っていました。するとほどなくしてまた夢を見ました。先ほど、私が子供たちの教育に関心があったと書きましたが、今度は教祖からお言葉があったのです。正確な字句かどうかは、ちょっと自信がありませんが、大体次のようなお言葉でした。それは、「おまえ、子ども、子どもと言うけれど、一れつ人間皆神の子どもやで。子に子の道を伝える、そういう道があるのやで」

といったお言葉でした。またしても「不思議だなあ」と思いつつも、現実の生活においては巨大プロジェクトの金融・税務・経理に忙殺される毎日でした。まだ三十歳前ではありましたが、運転手つきの車で出勤し、メイドや料理人もつき、また、豪華な住居にはプールも備わっていました。こうして海外でダイナミックで一見華やかな企業戦士としての日々を過ごす一方、心の中では教祖の囁《ささや》きがこだまし、果たして自分は今後いかなる道を歩むべきなのだろうかとの葛藤《かっとう》が芽生えはじめていました。

外から見れば、立派な仕事をし、給料もよく、恵まれた人生を順調に歩んでいるように見えたかもしれませんが、教祖のお言葉以来、文字通りの「子ども」から神の子人間としての「子ども」へと、つまり、「教育」から「宗教」へと関心が移り、宗教の世界に身を投じて宗教的真理というものを徹底的に探求してみたいという強い心の疼《うず》きを感じるようになりました。インドネシアの赴任を終え、日本に戻ってからも、今度はその本社の立派な近代的なビルの中で、「はたしてこれからどうしたらよいのだろう」と、一人トイレで考え込んでしまう日々となったのです。

実はそれまでにも、後ほど紹介する青木ケ原樹海事件など、不思議な夢や神秘体験といったものは体験していましたが、夢における教祖の導きがきっかけとなり、ついには約七年間お世話になった会社を一九九〇年十二月末をもって退社することを決意し、一九九一年より、天理教教会本部のある奈良県天理市の「おぢば」での伏せ込みを開始するに至りました。

③使命の自覚

退社にあたっては、金融機関や商社等、お世話になった社外の方々を含め、三〇〇人近い方々に挨拶回りをしたように記憶しています。特に国際ビジネスに従事していた方々は、宗教の世界に身を投じることについては大変心配してくださり、「考え直せ」「頭を冷やせ」「悪いことは言わん……」等々、熱心に忠告してくださいました。それは決して悪意からではなく、善意ゆえに心底心配してくださってのこととも感じました。裏を返せば、日本においては宗教に対する本当の意味での信用があまりないことを実感したのもその時でした。

また、私は子供のころから目に見えない世界や魂といった存在についてうすうす自覚していたのですが、どうもそうした宗教がかったことについては、世間一般の方々はあまり知らず、また、なかなか信じることができないということも分かりました。特に現代の日本のように、高度に文明が発達した社会においては、この世がすべてといった唯物的世界観・人生観が支配的になっています。目に見える物事だけを信じ、頼りにし、目に見えないものは頼りなく、当てにできないといった考え方です。科学が進歩したが故に、誰もが確認できる客観的事実こそが科学的であり、学問的であるといった考え方でもあります。

もちろん、高度な文明自体、先人達の智慧《ちえ》と努力の賜物《たまもの》でもあるので、単純に否定すべきではないと思います。科学の進歩によってもたらされた恩恵の絶大さは、誰一人否定することはできないでしょう。しかし、その背後にある目に見えない存在を忘れてしまってはならないと思うのです。

生命科学の進歩にも著しいものがあり、ｉＰＳ細胞など、夢のような細胞も開発されています。そこには果てしない希望が秘められているように感じます。やがては身体を丸ごと創ることも可能になるのかもしれません。しかし、忘れてはならないのは、人間の命の本質は目に見えない「魂」と呼ばれる存在であることです。肉体は創れても、この世において魂を創ることはできません。つまり、人工的に肉体を創れたとしても、そこに宿る魂を創ることはできないのです。従って、やがては、人工的な肉体にいかなる魂が宿ってくるのかといった問題が生じてくると思われます。その人間には、肉親がいない訳ですから、そうした倫理的問題、人格形成上の問題も起きてくるのではないでしょうか。

やはり忘れてはならないことは、人間はこの世を超えた「神」によって創られた存在であることです。人間を創った「親」にあたる存在があるということです。「陽気ぐらし」という目的があって創られた存在が人間であり、古来、神と称される、人間を創った側の存在があるということです。現代人の多くは、こうした「真実」を忘れてしまっているようです。だからこそ、教祖から告げられた「子に子の道を伝える道」とは、「人間に人間本来の道」、あるいは「天の理（真理）を伝える道」と深く自覚し、「魂の真実」を掘り下げ、多少なりともお伝えできればと願っている次第です。

第二章　魂の真実—神秘体験の数々

①幽体離脱《ゆうたいりだつ》—青木ケ原樹海事件

私たち天理教信者は、「かしもの・かりもの」の教理を教えられています。この肉体は、私たち人間が親神様からお借りしているのであり、親神様から見れば、人間に貸し与えているという訳です。そして、その肉体は、出直し（死）の時に親神様にお返しします。また、肉体を、いわば衣服のように纏《まと》っている主体となるものが、「魂」と呼ばれる存在です。魂は生き通しであり、この世に何度も何度も繰り返し肉体を貸し与えられて生まれ変わってくる訳です。従って、私たちがいろいろなことを感じたり、考えたりする主体としての「魂」と呼ばれる存在があるということです。

魂という言葉の他に、「心」という言葉もあります。魂と心の定義の仕方はさまざまにあるかとは思いますが、私個人としては明確には定義し難いというのが正直なところです。ただ、定義の仕方に関わり無く、肉体が死んで後も存在し続ける、通常、目には見えない存在を「魂」と呼びたいと思います。そうした魂は、生前同様にその個人の認識力、思考力、感情を持つ存在です。

そうした魂の存在については、通常、目には見えないのではっきりと視覚的に認識することは困難です。しかしながら、そうした目には見えない存在を感じ取れる機会が全く無いわけではありません。私の個人的な体験ですが、一般的には「幽体離脱」とも呼ばれている体験をしたことがあります。そうした実体験の一つが、「青木ケ原樹海事件」と呼んでいる以下の出来事です。このような体験もあり、「魂」と呼ばれる自分自身が、肉体とは別に肉体に宿っていることをはっきりと認識しています。

それは今から四十年近くも前のこと、私がまだ中学生の時に起こった事件です。私のクラスにI君という大変賢く、成績優秀でおとなしい男子生徒がいました。休み時間にはいつも教室で一人黙々と読書にいそしんでいるような男の子でした。二年生になった時、クラス替えがあってはじめて彼と同じクラスになりました。昼休み中、いつも一人で本を読んでいたので、彼が一体どんな本を読んでいるのか興味がわき、ある時、彼に何か話しかけたように思います。そうこうしている内に、おとなしい彼ではありましたが、次第に会話などするようになった訳です。

そしてとある晩秋、確か十一月も終わり頃の土曜日の夕方、I君の母親からわが家に電話がかかってきました。息子であるI君がお宅にお邪魔していませんかと。昼過ぎに、カメラを持って写真屋に行くと言って家を出、夕方暗くなってもまだ帰宅していないと言うのです。普通であれば、中学二年生の男の子が夕方暗くなっても帰宅しないことはよくある話だとは思うのですが、I君は大変真面目で、学業面のみならず、生活面でも模範的な生徒だったため、母親は心配されたのでしょう。しかしわが家には来ておらず、また、私にも心当たりは全くありませんでした。

夜は更《ふ》け、あちこちと当たりましたが手掛かりは無く、結局、警察にも届け出て捜索してもらうことになりました。その夜は電話機の傍らで待機し、緊急連絡を待つような状態で朝を迎えたのです。翌日になっても手掛かりは一向につかめず、更に広い地域を管轄する警察署の協力も得て捜索は続きました。それでも手掛かりはつかめず、ついには月曜日を迎えます。彼は無断で学校を欠席するような生徒ではなかったので、いよいよ事態は事件性を帯びてきます。事の重大さに生徒達にも事情聴取が行われましたが、やはり手掛かりは全くつかめず、途方にくれる状況でした。

そして確か月曜日の夜だったと思うのですが、私は床につき、眠っている時でした。当時私の家（教会）は二階建ての一軒家で、私は二階で寝ていましたが、ふと気がつくと自分の身体から抜け出し、スーッと部屋の天井あたりに浮き、布団で寝ている自分自身を見下ろしていました。すると次に天井をスーッと突き抜け、屋根を突き抜け、上昇しはじめました。町の夜景が見え、更にガーッと上昇を続けます。やがては東京湾から房総半島、関東平野を一望できるようになります。するとピタッと上昇が止まり、目は東京から見て西方の富士山麓にある黒々とした樹海の中の一点に定まります。それは青木ケ原と呼ばれる樹海です。すると次の瞬間、今度は樹海の中のその一点に向け、同じくガーッと自分が近づいていったのか、その一点がズームで急拡大されるかのように近づいて来たのか、いずれにしても視界が拡大急接近してきます。やがて人影が見えてくると、それがまさしくI君でした。そこでバッと目が覚め、「あんなところにいる！早く助けにいかないと危ない」と直感した私は、すぐにI君のご両親に連絡しました。

何分にも夜中でもあり、また、根拠が根拠だけに、果たして本当に東京からそんなに遠く離れた、しかも樹海の中などにいるのかどうか、大分議論もあったようです。常識からすれば、そうした疑念はむしろ当然かもしれません。ところが、私の話に何か感じるところがあったのか、彼のご両親は、一縷《いちる》の望みに賭け、まだ暗い内に現地に急行しました。朝になって地元の警察と共に捜索にあたったのです。すると、Ｉ君と思われる男の子の目撃証言が得られたのです。その目撃場所から判断するに、本当に樹海の中に入ったかもしれないということで、地元や近隣の消防団が総出で山狩りをすることになりました。

　樹海は、富士山噴火による溶岩流の上に苔《こけ》や落ち葉が鬱蒼《うっそう》と堆積し、昼間でも薄暗く、また、ところどころには溶岩による風穴も開いており、大変危険な場所です。さらには、溶岩による磁気の影響でコンパスが正常に機能しないため、うっかり入り込むと、迷ってしまい、出て来れなくなるとも言われています。

　そうした危険も考慮し、捜索に当たった方々はロープを持って捜すと共に、国道沿いに停めた車輌からはけたたましいサイレンを鳴り響かせ、懸命の捜索が続けられました。しかし、日も暮れかかり、やむなく捜索を断念せざるをえない状況になったその時、樹海の入口付近にあった茶店の裏戸を力なく叩くかすかな物音に店の人が気づきました。戸を開けてみると、それは瀕死《ひんし》の状態のI君でした。その時期、特に夜間の冷え込みは相当厳しかったはずで、上着もカメラもなく、凍傷にかかってまさに凍死寸前の彼は直ちに救急車で山梨日赤病院に搬送されました。そしてなんとか一命を取り留めることができたのです。

その夜、早速テレビでもその生々しい様子がニュースで放映され、翌日の朝刊にも一面に大きく写真入りで掲載されました。ちなみに、青木ケ原の樹海は、自殺の名所でもあり、I君の一斉捜索中、白骨化したものを含め、数体の自殺者の遺体が発見されています。事件後、彼は何事も無かったかのように学校に戻り、無事卒業しましたが、今もってなぜ青木ケ原の樹海に行ったのか、その真相は謎のままです。

この事件は、私にとっても、何とも不思議な体験でした。しかし、この体験からも分かるように、肉体とは別に魂という自分の意識存在があることは確かです。決して単なる気のせいとか、気まぐれではありません。当時、「なぜ居場所が分かったのか」ということを聞かれましたが、上述のような次第で「見えた」のであり、「分かった」のです。常識では理解し難いことだったと思います。しかし、事実は事実です。今後常識とすべきは、やはり「魂」といった存在がはっきりと存在するということです。肉体は、言わば魂の入れ物です。入れ物は古くなったり、傷んだりします。そうすると取り替えることになるわけです。つまり、死と呼ばれる出直し時には、脱ぎ捨てるということです。そして脱ぎ捨てた後も、魂という目には見えない存在は残り続けるということです。この魂の世界こそが、古来「あの世」と呼ばれ続けてきた世界でもあるのでしょう。こうした真実を、この青木ケ原樹海事件を通し、確認することができたように思います。

②祖母の出直し

次に、夢で見た祖母の魂に関する短い体験談を紹介したいと思います。私の母方の祖母は、二〇〇三年九月に九十六歳で出直しました。老衰による出直しでした。岡山の中国山地にほど近い、田舎の教会の前会長夫人でもあり、地域に多々貢献した人でした。霊遷《みたまうつ》しが終わった夜、私は神殿に安置してある祖母の棺《ひつぎ》の傍らに寝ることになりました。その夜、夢を見ました。

夢の中で、出直した祖母が、まさに棺の安置してあるその広い神殿の入口に立ち、次々に訪れて来られる方々に挨拶をしています。うららかな日和で、明るい日中のようでした。訪れた皆さんは、祖母との挨拶を終えると神殿に入り、あちこちで和やかに談笑がはじまります。次第に神殿内が訪れた方々で一杯になるにつれ、ささやかな談笑の声も、神殿内にこだまするほどの大きなざわめきのようになっていきました。私はそうした様子を見ながら、「ああよかったなあ。祖母は多くの方々に愛されていたのだなあ」と思った瞬間、ハッと目が覚めました。あたりは真っ暗で物音一つせず、先ほどのざわめきとはうって変わり、シーンとした静寂だけが耳を圧迫するかのようでした。時間は真夜中、二時過ぎでした。

このリアルな夢を見た時も、人間は出直した後も確かに「魂」といった生き通

しの命が残り、生前にどのような生き方をしていたかが分かるようになっている
のだな、ということを改めて確認できたように思います。

この祖母の出直しに関しては後日談があります。それは、岡山での葬儀が終わって後、東京の実家に帰った時のことです。私が母に、祖母の通夜で見た夢の話をすると、今度は母が祖母の出直しの一ケ月ほど前に見た夢の話をしてくれたのです。母がその夢を見た時、祖母はほぼ寝たきりの状態だったようですが、夢の中で、わざわざ東京にある母の教会を訪ねて来てくれたというのです。以下は母の見た夢の中での話です。

玄関に人の気配があり、母が出てみると、そこに祖母が立っていました。終始無言でしたが、優しい笑顔だったそうです。後ろに誰かいることに気づくと、それは既に出直した男性で、祖母のお供をして上京したとのこと。驚くやら嬉しい

やらで母は二人を教会の中に招き入れ、慌てて座布団を出し、お茶を入れるなどしたそうです。その付き添いの男性は、母がずっと以前におたすけをし、いろいろとお世話どりをし、母を慕って入信した方ということでした。しかし、肺結核という身上を患って、まだ二十代の若さで出直されたそうです。

これも恐らくは、既に出直していたその男性の魂と共に、祖母の魂がその身体から抜け出し、母にお別れの挨拶に来たのではないかと思われます。

また、この夢を見た時期と前後して、母が実際に岡山の祖母を見舞いに行った時、ほぼ寝たきり状態で動けないはずの祖母が、（祖母の）実家に里帰りして本当に楽しかったという話を聞かせてくれたそうです。表情も豊かに、声もしっかりして、思い出すままに実に鮮明に話してくれるので、母も頷《うなず》きながら楽しく聞いてあげたようです。祖母の言う実家での話し相手はというと、当時既に出直していたその両親と兄でした。庭の畑には、真っ赤に熟れたトマトがたくさん実っていたそうです。

恐らくは、これも祖母の魂がその身体から抜け出し、自分が生まれ育った懐かしい実家に帰ってきたということなのでしょう。そして既にあの世へと旅立っている両親と兄と、魂同士の再会を果たしてきたのだと思います。

③虫の知らせ―ある上司の出直し

もう一つ触れておきたいのが、いわゆる「虫の知らせ」とも呼ばれる類《たぐい》のものです。視覚、聴覚、嗅覚、味覚、触覚と呼ばれる身体に関わる五感に加え、第六感と呼ばれる超感覚的知覚があります。肉体感覚を離れたこのような感覚も、魂の働きと関係があると思われます。私自身のささやかな体験を一つ紹介させていただきます。

それは、私が一九九〇年末をもってそれまで約七年間勤めた会社を退社し、天理のおぢばで伏せ込みを開始して十年以上経った二〇〇三年二月のある日曜日のことでした。休日だったので家で静かに本を読んでいると、ふと十数年も前、まだ会社に勤務していた頃のことが思い出されました。別に会社関係の本を読んでいたわけではありませんし、会社時代のことを思い出すことも、めったにありませんでした。その時、ふと会社時代に私が所属していた財務部のある方のことが気になりました。その方は私よりも少し前に退社されていましたが、その方の退社時に贈った色紙のコピーがあったはずだと思い出し、古いダンボール箱からなんとか探し出し、懐かしく読んでいました。

私が新人として配属された時、その方は副部長で、配属初日、直々に部署の仕事の概要などを説明して下さった方です。その時のことは今でも覚えています。仕事の概要を説明し終えた後、「さまざまな経済活動の奥にある「動機」を見極めなさい。隠された動機を見極め、それに基づいた適切な仕事をしなくてはならない」等々、物事の本質を見極める目について話してくださいました。東大の剣道部出身で、小柄ながらも背筋がピシッと通った頼もしい上司でした。仕事には大変厳しく、その判断の仕方、考え方には大いに薫陶を受けました。しかし、プライベートでは大変に優しく、人間味あふれる人格者であり、心から尊敬していた上司です。

その方とのさまざまな仕事のやりとりなどを思い出し、懐かしんでおりました。すると、翌々日の火曜日の朝、その会社時代の同僚から実に久しぶりの電話がかかってきました。心から尊敬していたその方が昨日出直されたと。つまり、私が懐かしく思い出していた日曜日の翌日に出直されたということです。出直す直前になると、魂が身体から抜け出し、いろいろなところを見てくるといった話を聞いたことがあります。恐らくは、出直しの前日、十数年もお会いしていないのに、私のところにまでわざわざお別れの挨拶に来てくれていたのではないかと思い、思わず涙が頬を伝いました。

告別式では、結婚式を翌月に控えた娘さんがお父様にお別れの言葉を述べられました。私にとっては上司であった彼女のお父さんは、最後、タヒチのプロジェクトに精魂を尽くし切り、その後闘病生活を続け、出直されたようです。厳しいビジネスの世界を生き抜き、今生を終えられたのではなかったかと思います。神様と言えば宗教ですが、神様がビジネスの世界に生まれたならば、きっとこのような方になるのではないかと思いました。そして娘さんは、父親はタヒチの美しい自然—その美しい海や緑—をこよなく愛していたということ、そして、「自然を愛する心と厳しいビジネスの心は、何ら矛盾するものではない」と、父親の出直す前の言葉を伝えてくれました。その時、思わず私の胸に、その方の声なき声が聞こえたような気がし、胸が熱くなりました。

本人の願いを汲み、棺の周りだけでなく、葬儀場にはタヒチの花々があふれんばかりに飾りつけられていました。鳥々のさえずりも聞こえ、また、壁は青くライトアップされ、さながら南国の楽園タヒチそのものが現出したような感動的な葬儀でした。

④見えない絆《きずな》

今まで述べてきたことからも、魂の働きは「愛情」や「信頼」と深いかかわりがあるように思えます。特に、深い愛情や信頼の絆で結ばれている魂同士であれば、出直して肉体を失った後でも、何らかの「交流」はありうるということです。その微妙で精妙な魂の交流は、物質的実体を伴っていないため、幻のようでもありますが、それでも確かに「存在」しています。そして目に見えない世界から地上に生きる私たちに何らかのメッセージを送ってきたり、働きかけをしてくることがあるようです。

こうした魂の存在があるからこそ、例えば霊祭を執り行う意義もあり、祭文を奏上することにも意味があるわけです。こちらが一方的に奏上している訳ではなく、実はあちら側で「聞いている」存在があるということです。もちろん、奏上する側と聞く側との関係、絆の深さ、込められる真実の思いの純粋さや強さ等により、どの程度相手に届いているかはそれぞれだと思われますが、そうした目には見えない交流はあるということです。但《ただ》し、魂となって聞く側であっても、生前同様にさまざまな個性や能力の違いがあるはずなので、聞き方にもいろいろと差があるでしょうし、その働きのあり方もさまざまだと思われます。

このように、地上に肉体を持って生きている人間と、肉体を脱ぎ捨てて魂となって存在している人間とが存在していることになりますが、両者は、愛をはじめ、信頼、大きくは信仰といった、目には見えない心の絆を通してつながっていると言えます。

⑤禅《ぜん》仏教と魂―留学中のある思い出

私は一九九三年から一九九五年までの約二年間、アメリカの西海岸、ロサンゼルスに留学していました。生後半年ほどの長男と家内を連れ、家族そろっての留学でした。天理教の北米拠点であるアメリカ伝道庁に住み込みながら、車で一時間ほどのクレアモントという大学の大学院修士課程に通いました。経営学の方面では世界的権威のピーター・ドラッカー教授（一九〇九～二〇〇五）が有名な大学ですが、宗教学の方面でも世界的権威を抱えており、小規模ながらも質の高い充実した大学だったと思います。私は宗教哲学を専攻しましたが、その多くはやはりキリスト教が中心で、事実、神学校も併設されていました。

キリスト教国アメリカではありますが、当時、禅仏教が人気を呼んでいました。私は元々仏教への関心も深かったこともあり、禅仏教の授業を一つ取りました。その担当教授であった老婦人は、アメリカの〈禅〉仏教の権威の一人でもあったようです。その授業の中で、禅の「悟り」に関する講義があり、レポートの提出も求められました。私の中では、魂の世界、いわゆる「あの世」あるいは「霊的な世界」への覚醒《かくせい》なくしては「悟り」はあり得ないと思っていたのですが、老教授にはそのような認識はなかったようで、どうも議論はかみ合わず、結局、私はレポートの書き直しを余儀なくされたのを覚えています。

その老教授によれば、どうも悟りとは、瓦《かわら》の一片が竹に当たったその音などで

「ハッ」と何かに瞬間的に気づくことのように理解されていたようです。また、悟りの境地とは、虚飾や無駄を拭《ぬぐ》い去ったあとに残るシンプルなものであり、「今」という一瞬に生きることでもあると説明されていたように記憶しています。

その例として、コーヒーを飲みながら二人で議論していたことがあったのですが、「コーヒーを飲んでいる」のではなく、ただ「コーヒーを飲む」。それは未来に飲むのではなく、また、過去に飲むのでもない。今、コーヒーを飲む。それが悟りである。といったことを語っておられました。もちろん、虚飾を去って「今」を生きる精神には深く共感を覚えるところがありましたが、悟りの本質部分についての解釈には共感できませんでした。悟りの本質は、あくまでも魂の存在や魂の世界に関する認識なくしてはありえないのではないかと話しましたが、無駄でした。この世が全てだと思い込んでおられたようなので、目には見えない魂の存在や魂の世界については信じられなかったのだと思います。私は学生の身であったので、やむなくその道の権威でもあった老教授に譲歩し、不本意ながらもペーパーを書き直した覚えがあります。

また、確かその授業に関連し、禅仏教の老師による禅の実修セミナーがありました。私も参加したのですが、座禅の作法にはじまり、公案（真理を悟らせるために考えさせる問題）およびその解説がありました。例えば「隻手《せきしゅ》の音声《おんじょう》を聞け」といった公案が出されたのを覚えています。隻手とは片手という意味です。つまり、この公案は、普通両手を打って「パン」と音がしますが、片手だけの拍手ではどのような音がするかを聞け、といった内容です。この世の常識や論理とは矛盾する内容であるため、そうした分別知を捨て去ることが大切なのだといった解説がなされていたかと思います。その点は理解できるのですが、私としては満足できなかった覚えがあります。なぜならば、たとえいくら難解な解釈を整然と行ったとしても、この世を超えた視点がなければ、それは表面的な解釈に過ぎないのではないかと感じていたからです。私としては、こうした公案が本来意図したものは、単にこの世的常識や論理を断ち切るだけではなく、執着を断つことによって、この世を超えた「魂」の世界に跳入することであり、そのための一つの作法であったと思っています。つまり、瞑想を通じ、その意識を魂の世界へと誘うためのよすがとして座禅が考案されたと推測されるのです。

当時思ったのは、特に思想や哲学、宗教といった抽象的、あるいは形而上《けいじじょう》の世界を扱う場合、権威が必ずしも正しく悟っているわけではないということです。もちろん、私が正しく悟っていると言うつもりはありませんが、学問的な知識の積み上げはできても、悟りの世界に入るには、それとは別にある種の「能力」なり「訓練」が必要になると思われます。そうした能力は、生き通しの命である「魂」に刻まれた過去の転生からくる蓄積もあるのでしょうが、強い信仰心の下、日々、心の浄化や心の点検をなし、あるいはおたすけの実践等を通じ、次第次第に目覚めてくる能力でもあると感じています。おつとめを通して心のほこりを払うことの意義も、一つには神より流れ入る、目には見えないご守護の光を体感できるようになることであり、それは魂の世界を感得することにもつながると思うのです。

⑥かしもの・かりものの真意

さて、現在の日本を見てみますと、教育は国全体に普及し、国民の教育レベルも押しなべて高く、知識人と呼ばれる方々も数多く存在しています。学問も高度化し、科学や医療技術等も進歩し続けています。未知なる事柄が次々に解明され、人体の神秘、地球の神秘、あるいは宇宙の神秘等も、次々に明らかにされつつあります。

しかしながら、肝心な人間の生命の本質については、依然「灯台下暗し」と言ってよく、まだまだ十分には理解が進んでいないのではないかと危惧《きぐ》されるのです。

つまり、この世が全てではないように、肉体が生命の全てではなく、生き通しの命である「魂」が肉体には宿っているということです。肉体は、神様からすれば、人間に対して貸し与えているものであり、私たち人間からすれば、神様より借り受けているものとなります。その目的は、個々人においてはその借り主たる「魂」が成人し、陽気ぐらしを体現するためであり、その先には人類全体における「陽気ぐらし」実現があります。これを私たち信仰者は「かしもの・かりもの」の教えを通して教えられているわけです。この「魂」の真実に目が閉じていては、世界たすけはおろか、現代の日本だすけも不可能であると言ってよいでしょう。

神様には手足がありません。従って、私たち信仰者が神様の手足となって具体的活動をなし、そして陽気ぐらし世界をこの地上に建設することが期待されているわけです。それは信仰者としての使命です。特に現代の日本人は、生活レベルが向上し、教育レベルが向上したが故に、かえって目には見えない世界を見る「心の目」がふさがり、目には見えない神の存在や宗教に対する尊崇の念を欠くようになっています。気がつかない内に大変傲慢《ごうまん》になってしまっていることが懸念されます。文明を捨て、古代返りを推奨するつもりは毛頭ありませんが、この世が全てであるといった唯物的世界観に染まることのないよう、現代人にこそ「かしもの・かりもの」の真なる意味を伝えてゆかねばならないと思います。

また、魂という生き通しの命があり、何度も何度も繰り返しこの世に生まれ変わって来ているという真実には、民族や宗教等の違いを乗り越え、全人類が一れつ兄弟として一つにまとまりうる極めて重要なカギが秘められています。現在、この地上には、民族や宗教の違いから来る紛争が絶えません。それは人類全体にとっても深刻な課題であり、なんとしても平和的解決が望まれるものです。しかしながら、そうした紛争の根は深く、根本的解決は極めて難しいのが現状です。

そうした根の部分の解決にあたり、カギとなるのが「魂」の視点です。つまり、人類創造の親である親神様が存在するということ。全人類がそうした一なる親により創造されたということ。従って、全人類が等しく皆神の子どもであり、子ども同士は皆兄弟であること。更には、そうした子どもたちはそれぞれ「魂」という生き通しの命を持ち、世界一れつの陽気ぐらし実現のために、この世に何度も何度も繰り返し生まれ変わってきているといったことを知ることです。単に知るだけではなく、腑《ふ》に落とし、確信することにより、民族や宗教の違いを乗り越え、人類として一つにまとまってゆくことが可能となるはずです。

今回の人生であれば、私はこの日本の国に日本人として生まれましたが、過去の数多くの生まれ変わりの歴史、即ち、魂の歴史を見れば、あちこちの国に生まれていた可能性があるのです。現在は敵対している国同士であったとしても、その相手国はかつての我が故国であったかもしれないということです。即ち、全世界、地球そのものが自分の故国となってくる訳です。だからこそ、世界中の人々は互いに兄弟姉妹として助け合って陽気ぐらし世界建設を目指すことができるのです。

こうした魂の視点を伝えてゆかなくてはなりません。もしそのような視点がなければ、全人類の陽気ぐらし実現は不可能と言っても過言ではないでしょう。「かしもの・かりもの」の教えには、こうした極めて重要な視点が含まれているため、私たち信仰者には、更に理解を深めてゆくための努力が求められていると思います。

第三章　魂の視点―障害と新天地

①障害の持つ意味

ちなみにわが家には現在（二〇一二年十二月）、養護学校高等部に通う息子がおります。発達遅滞（知的遅滞）です。養護学校にはさまざまな障害を持つ子ども達が通っていますが、こうした子ども達に接していると、いろいろと教えてもらうこと、考えさせられることがたくさんあります。もしも自分自身、そのような機会がなければ、恐らく「障害があるとは大変だなあ」とか「可哀相《かわいそう》だなあ」といった思いを抱く程度にとどまってしまっていたのではないかと思うのです。

もちろん、そうした思いには現実を言い当てている部分もあるのでしょう。確かに、さまざまに障害を持つ子ども達は、勉強や日常生活において、健常児と同じようにはいきません。手がかかり、時間もかかり、成果も上がらず、労多くして実り少なし、と思われてしまいかねません。ただ、そうした見方は必ずしも全体像を見ているわけではなく、実は人間にとってとても大切な部分を見逃している可能性があります。きれいごとを言うつもりはありませんが、障害については、特に生き通しの命である「魂」という視点から考えてみると、驚くべき新天地が開かれてくるのです。もちろん、現実に「今」を生きてゆかねばならないため、現実の生活にそったさまざまな支援や理解、努力が必要であることを否定するものではなく、それらを踏まえた上での話となります。以下、そうした「魂の真実」に立脚した「新天地」を探ってみたいと思います。

②誰もが障害者

そもそも人間は皆それぞれに違いがあります。個性や能力、身体も、同じ人間は二人といません。全ての人間に「違い」があります。その違いの程度、領域によって、仮に「障害」と分類されているに過ぎないとも考えられます。即ち、障害は決して絶対的なものではなく、あくまでも多くの人間が暮らす社会における相対的な分類に過ぎません。また、時間の流れが止まらない限り、誰もが歳をとり、身体機能が衰え、やがてそうした機能を失っていきます。病気や事故でそうなることもあるでしょう。その結果、いわゆる障害者になるはずです。そのように、障害は誰もが経験しうることなので、誰もが障害者、あるいは障害者予備軍なのです。決して他人事《ひとごと》ではありません。

また、生き通しの命という観点からは、今生は仮に健常児として生まれたとしても、過去の数多くの生まれ変わりにおいては、どこかで障害を持って生まれていたこともあったはずです。歴史を振り返れば、世界中、至る所で戦乱や紛争の時代は絶えず、そうした戦乱や紛争、天変地異などにより、後天的に障害者となったケースも相当数あったに違いありません。そのように、生き通しである魂はさまざまな経験をしてきているはずなので、そうした意味でも決して他人事ではなくなります。

③違いを尊ぶ

日本は島国で、他国と海で隔てられている地理的条件も手伝ってか、均質性の高い国民になっていると実感します。共同体的性格の強い稲作文化の影響などもあってのことかもしれませんが、他人と同じであることに安心感を覚え、他人と違っていたり、出る杭となることをあまり好まない、あるいは許さない国民性が根深いように感じます。言葉を換えれば、他人の目を過度に意識し、周囲に合わせて自分を抑える傾向が強いということです。

私は世界二十カ国近い国々に行ったり、あるいは住んだ経験がありますが、海外の国々では大分様子が違っていました。例えば留学のため、アメリカのロサンゼルスに二年ほど住んでいたことがありました。世界中からの留学生達が数多く学んでおり、服装一つとってみても、Tシャツに短パン姿であったり、あるいはドレスアップしていたり、独特の民族衣装を着ていたり、コートを着ていたりと、かなりバラエティーに富み、個性豊かでした。それでいて誰もそうしたことには全く気にもかけていないようで、一人一人が「違う」ということが、ごく自然に当たり前の前提としてあったように思います。一方、日本においては、「同じ」という意識が前提にあるようで、この違いが、障害に対する見方にも影響しているように思います。

日本の場合、他人と違うとなんとなく安心できず、同じであれば安心できるといった心情があるのでしょう。更には、他人と違う面が強く出てくると、それは協調性のなさと見なされ、村八分、つまり仲間外れにされてしまう要因にもなりかねません。「みんなちがってみんないい」という言葉がありますが、人と違うことを恐れず、むしろ、違うことを尊ぶ精神的風土を醸成してゆく必要があると思うのです。

こうしたことに関連し、養護学校の運動会で印象に残った光景があります。確か一〇〇メートル？の徒競走でした。運動会のハイライトでもあります。生徒が数名ずつ、ヨーイ・ドンで一斉にスタートを切ります。通常であれば、トラックに白線でひかれた各レーンにそって、それぞれの走者はゴールに向かって全力で走ります。ところがその徒競走では、クルクルと自分の身体を回転させながらトラックの外に出てしまう生徒あり、逆にトラックの内側に入ってしまい、しゃがみこんで芝生か土をいじる生徒あり、はたまた観客に笑顔を振りまきながら歩く生徒あり、お母さんを見つけてはその方向に走り出す生徒ありといった具合でした。

私としても、想定外の光景に驚くとともに、妙に感動した覚えがあります。なぜ感動したかと言いますと、子どもたちは、こちらが思い込んでいた「あるべき姿」などにはまったく無頓着で、それぞれが無邪気に自由に行動していたからです。「決められたレーンを、決められたゴールに向かって皆が同じ様に全力で走る」と思い込んでいたこちらの固定観念があっけなく打ち崩されたように感じました。その光景に、ほほえましい陽気ぐらし世界の一面を垣間見《かいまみ》ることができたように思います。

もちろん、決められたルールを守ることは大事なことですが、私たちは、気がつかない内に、自分で勝手に「こうあらねばならない」と思い込み、自分で自分を縛っていることが多々あるのではないでしょうか。その結果、窮屈な現実をつくり出してしまってはいないでしょうか。この養護学校の運動会のような「自由」でおおらかな世界が世の中に存在していることが、実はとても大きな意味を持っており、固定観念に縛られ、「不自由」になっている多くの人々の心を解放し、癒してくれているのだと教えてもらったような気がします。

逆に言えば、もし彼らがいなければ、私たちは自分達が考えている「限られた」世界のあり方が「当たり前」だと勘違いし、そうした世界のあり方が全てだと思い込んでしまう危険性があると言えます。そうした「狭い」世界観の下では、全人類一れつ兄弟としての「陽気ぐらし」は実現しないでしょう。なぜならば、どうしてもそうした「狭い」世界観にはおさまり切らない方々がいるからです。だからこそ、彼らは、隔てなく誰もが陽気ぐらしを実現できるよう、もっと自由でおおらかな世界のあり方を教えてくれ、また、その可能性を後押ししてくれているとも考えられるのです。

ユニークな方々が遠慮なくそのユニークさを発揮でき、周囲の人々にそれを許容できる心のゆとりさえあれば、世の中の殻が破れ、活性化し、陽気ぐらし世界建設を大きく前進させてゆく力になるはずです。そのためには、柔軟な心、寛容な心が必要です。心が狭いと、ものの見方が狭く、窮屈となり、障害者等、いわゆる「標準」の枠内に納まり切らない方々に対する見えない壁をつくってしまいます。この種の見えない壁こそが、実は最大の障害であり、こうした心の壁さえ取り除くことができれば、他のさまざまな問題の解決はそれほど困難ではなくなるはずです。

④二種類のたすかり

私たち人間は、誰もがそれぞれに悩みや苦しみを抱えていると思います。そして、そうした悩みや苦しみを解決するために信仰している方々もたくさんおられるのではないでしょうか。また、そのように悩み、苦しむ方々がいればこそ、日々おたすけに励んでいる方々も大勢おられることでしょう。

障害に関しても、自然な感情としては、そうした障害をもった状態から障害のない「普通」の状態になれたらと願い、さまざまな治療や療法を試みると思います。もしもそのような「普通」の状態になれれば、「たすけていただいた」「ご守護をいただいた」と考えるわけです。これは身上でも同様で、治療や投薬で身上が治癒されればご守護をいただいた、たすけていただいたと思い、有り難く感謝するわけです。これは当然嬉しいたすかりであり、目に見えて確認できるたすかりのあり方でもあります。

ただ、こうしたたすかりだけが、たすかりの全てではありません。不治の病など、八方手を尽くしても身上は回復しないケースも多いでしょうし、障害についても、いわゆる「普通」の状態に戻すことはできないケースも多いはずです。また、老いて出直すことは、何人であっても避けて通ることはできません。つまり、身上が治る、障害が除かれるといった、身体的環境の改善によるたすかりだけでなく、もう一つ、精神的環境、すなわち、そうした身上や障害を本人や周囲の人々がどのようにとらえるかという、見方・考え方を変えることによるたすかりがあります。言葉を換えれば、身上や障害に込められた「意味」をどのように見い出しうるかということです。現実の状態自体は変わらないのですが、それを悩みや苦しみととらえていた心のあり方を変えてしまうわけです。

こうしたたすかりのあり方はよく耳にすることかもしれません。また、「言うは易し」に聞こえるかもしれませんが、決して単なる気休めで言っているわけではなく、魂の視点に立ったある種の悟り、即ち、生命の本質にかかわる深い洞察を通して見えてくる、確かなたすかりへの道でもあります。

そこで、一例として「奇跡の人」と呼ばれたヘレン・ケラー（一八八〇〜一九六八）のことを考えてみたいと思います。ヘレン・ケラーは、「聞こえない、見えない、話せない」という重度の障害を持ちながら、障害者福祉の確立に尽力した方です。

普通に考えると、耳が聞こえず、目が見えず、言葉もしゃべれないという障害を持ってしまえば、我が身の不幸を呪い、絶望し、生きる希望を失ってしまいかねないことでしょう。しかし、ヘレン・ケラーは違いました。彼女は、障害という逆境の中にあっても、それに屈することなく、力強く輝いた人生を生きることができることを身をもって示し、世界中の人々の心に希望の光を灯しました。つまり、人の真なる幸福は、環境に左右されるのではなく、その与えられた環境の中でどのように生きるかであり、その生き様、あるいは覚悟が問われているのだということを教えてくれたように思います。むしろ、厳しい環境であればこそ、その中で力強く生きることで魂は一層輝きを増し、真なる幸福をつかむことができることを教えてくれました。そして彼女は世界中の障害者のために、福祉制度の啓蒙《けいもう》・確立に生涯を捧げたのです。

もし仮に、彼女に障害が無かったらどうなっていたでしょう。もしも医療などの力で障害がなくなったとしたらどうだったでしょう。そのこと自体は喜ばしいことではあるのでしょうが、彼女の場合、そうならなかったところに神様の深い計らいがあったのではないかと思えるのです。重度の障害を抱えながらあれだけの生き方ができたからこそ、絶望や逆境の中にあって苦しむ人々のみならず、世界中の人々にも希望を与えることができたはずです。そこにこそ彼女の果たすべき大きな使命があり、それが彼女の魂にとっても、実はかけがえのない大きな喜びになったに違いありません。

⑤教師役としての障害者

障害を持つということは、通常、その方の周囲にいる者の理解や支援なくしては、生きてゆくことが困難であることを意味します。確かに、何らかの形で他の人々のお世話が必要になるでしょう。つまり、お世話する側とお世話される側とが生じるのです。しかし、障害を持つ方々は、単にお世話されているわけでは決してなく、実は私達をお世話してくれている一面があります。つまり、私たちの導き役、教師役をつとめてくれているとも考えられるのです。

天理教の教えからすれば、陽気ぐらしの一つの表現として、「人々が互いにたすけあって暮らす世界」とも教えられています。特に重度の障害などがあれば、他人の手を借りざるをえないことが多々あるわけです。手助けする方は、手を貸してあげる側だと思うかもしれません。ところが、必ずしもそうではなく、実は導いてもらっているのです。人の助けが必要な状況を、彼らは身を挺《てい》して提供してくれています。そして人間は互いにたすけ合って生きるのが本来の生き方であり、そこに陽気ぐらし世界ができてくるのだということを、神様に代わって暗に教えてくれているわけです。不自由さに気がつかなければ、思い通りに身体を動かすことができることの有り難さに気がつかない場合もあるわけです。

そうすると、そうした方々の存在そのものが、実は姿を変えた神様の愛情表現にもなっていると考えられます。そのようにして私たちに、人間に本来の生き方を教え、足ることを教え、謙虚さを教え、神様の親心を教えてくれます。こうした意味において、実は彼らは自分達の存在そのものを通じて私たち人間に最も大切なことを教えてくれる、言わば「教師」をしてくれているという訳です。こうした側面を決して忘れることなく、私たちは、尊敬と感謝の思いで彼らと接しなくてはならないと思うのです。

⑥愛情のためし

さらには、縁あっての親子兄弟姉妹関係です。前生からのいんねんあってそのような関係にあるとも教えられています。偶然にできた関係ではないのです。障害のある方が家族にいる場合、一つの問いを投げかけられていると思います。「曇りの無い真実の目でその方を見ていますか」「その外見だけではなく、その神の子としての魂の輝きが見えていますか」「それでも愛し続けることができますか」

……と。それは「愛情のためし」でもあるのでしょう。前世においてその方とどのような関係があったのかは分かりませんが、お互い必ず何かの縁があり、何らかの課題があるはずです。そうした課題が必ず秘められているはずなので、それを見極めるべく、努力すべきです。

世間体や自分勝手な都合を排し、素直な目でお互いの関係を見つめる時、必ず何らかのヒントが与えられるはずです。恐らくは今までの常識では考えられなかったような新天地の発見があるはずです。めぐり合うべくしてめぐり合った縁であり、それぞれの魂の成人にとって欠くことのできない縁であることが、白紙の目、魂の視点から見つめ直してはじめて見えてくると思うのです。

⑦密度の濃い魂修行

さまざまな障害を持ったり、身体が不自由であることは、この世的には厳しいハンディとなるはずです。周囲にいる者は、つい同情したくなることもあるかもしれませんし、あるいは甘やかしてしまう場合もあるかもしれません。あるいはまた、厳しく指導しなくてはならず、そうしたことに対して心苦しさを感じる場合もあるかと思います。しかし、魂という生き通しの命の観点からすれば、実は逆の見方が可能となってきます。それは、仮に肉体的な障害があったとしても、出直して肉体を脱ぎ捨ててしまえば、もはや肉体の障害はなくなるということです。肉体の束縛がなくなれば、魂そのものとなりますから、そこには魂が持つ本来の自由性が取り戻されるはずです。それまで肉体を持ち、不自由さに耐えながらこの世の人生を生きたという経験は、裏を返せば相当密度の濃い魂修行になっていたに違いないと推測できるのです。いわば鉄下駄を履き、鎧《よろい》や兜《かぶと》を身にまとうことで全身の筋肉が鍛えられるように、障害を抱えての人生は、その厳しい環境の中にあってその魂が相当程度鍛えあげられるはずです。そうした経験が、次に生まれ変わってくる時、一段と成人した者としての「他者への優しさ」といった形で現れてくると思われるのです。

また、魂は、肉体という身体の中に宿っているわけですから、仮に身体に障害があったとしても、それはあくまでも身体機能としての障害であり、魂としては外部の環境等を、感じたり、認識したりすることは可能なはずです。たとえ重度の障害があり、一見、何も理解できないであろうと思われるような場合であっても、実はいろいろなことを理解し、感じているはずです。これは脳死等、植物状態であっても同様だと思われるのです。第二章「魂の真実―神秘体験の数々」でも述べましたが、寝たきり状態などで、いわゆる「幽体離脱」した魂は、肉体的束縛を離れて自由に知覚できるということにも通じるのでしょう。

従いまして、一見、意思疎通が不可能と思われるような状態であったとしても、その魂は、実はいろいろなことを感じ、理解しているということです。当然、不用意な言動は慎まなくてはなりません。決して「何も分からない」のではないということです。逆に言えば、真心や愛情をもって接し、語りかければ、それも相手には確かに伝わるということです。こうしたことは、特に障害や重い病気を抱

えておられる方々の身近でお世話にあたっている方は、日々実感されていること
でしょう。

従来、障害については、因果応報的な考えの下、否定的なとらえ方をされることが、特に「いんねん」論としては多かったように思います。すなわち、前生において何か良くない種をまいた結果、今生において障害を持つに至ったといった考え方です。こうした考え方にも一理あるのかもしれませんが、少なくとも大切な一面を見落としていると思われるのです。それは、前生において、むしろ良い種をまいた結果、今生はより密度の濃い、より困難な魂修行に挑戦しているといった側面です。そして周囲の人々をも教え導こうとしている側面です。魂的には優れているからこそ、挑戦できる段階があるということです。もちろん、個人個人によってその真相はさまざまではありましょうが、こうした側面もありうることを心に留めておくべきでしょう。また、こうした考え方は、障害者本人のみなら

ず、周囲の方々にとっても一つの希望となり、今生の人生を生きてゆく上での励みにもなるはずです。

大切なことは、一人の例外もなく生き通しの命があることです。障害を持つ方も、持たない方も、お互いに出直して後、やがてあの世で再会する時が来ることでしょう。その時には、障害のあった方から逆に叱咤《しった》激励されることになるかもしれません。相手からすれば、「あなたは五体満足な身体で生き、その一生で一体何をやっていたのですか」と、こちらが反省させられることになるかもしれないのです。やがてそのような時が来るはずです。

この地上人生においては、さまざまな縁とさまざまなドラマが用意されているのでしょうが、全ては魂の成人と陽気ぐらしに向けたよすがとなりうるものです。そうしたことを忘れず、お互いの縁を大切にし、更なる心の成人と陽気ぐらしを目指したいものです。

第四章　時代を創る覚悟

①時節到来―闘いの時

闘いの時節到来！そうした心境になって参りました。日々の闘い、人生の闘い、自分自身との闘い、時代や常識との闘い……全ては陽気ぐらし世界建設に向けての闘いとなります。また、そうした聖なる目標に資する闘いでなくてはなりません。不毛な、混乱を生むだけの闘いであってはならないと思います。もちろん、武力や暴力による闘いであってもなりません。必ずや聖なる大目標に向け、何らかの前進を可能とする闘いでなくてはなりません。

信仰は、単に自らがたすかりたいだけの信仰であってはならないと思います。教団が、か弱い善人の集団であってはならないと思います。信仰者はすべからく神の子として闘いの人でなければならないと思います。今の濁世を啓蒙《けいもう》し、清らかで、明るく、希望が持て、それでいて信仰に基づく強靭《きょうじん》な精神と智慧《ちえ》を秘めているような世の中に変革してゆく志がなくては、到底世界たすけは進みません。

現在の日本は、その屋台骨をなす精神的支柱が欠落しています。精神の拠り所《よりどころ》がないのです。肉体生命を守ることに汲々《きゅうきゅう》としていては、到底世直しという大事業はなしえません。時代は、自らを捨て、聖なる目標のために、神の手足となり、捨石になっても構わないという、強い信念の人々の出現を要請していると感じます。

そうした高邁《こうまい》な精神を宿すためには、やはり魂の目覚めが必要不可欠であると思います。この世を超えた命の実在を確信し、神の実在を確信できなければ、我が身を捨てる勇気は到底わいて来ないはずです。より高次な生命の本質を掴《つか》んでこそ、思い切って捨てる力も湧いてくるというものです。神の存在と永遠の生命の存在を確信せずしては、この世の現実に屈し、あるいは妥協し、現状を打破してゆくことは極めて困難であると言わざるをえません。

今、求められているのは、私たち一人一人の信仰者が、信仰によって脱皮することだと思います。脱皮するということは、今までの自分、惰性で生きてきた自分、古くなった自分、本来やらねばならないことができていない自分等を脱ぎ捨てることを意味します。脱ぎ捨てるには勇気が要ります。恐怖心や不安、自己保身や怠惰な心と闘い、勝たねばならないのです。自分を変えるという強い覚悟がなくては、そうした脱皮はできません。決意が弱いと、再び元の自分の殻の中に舞い戻ってしまうことになるのです。たとえ一度は脱皮に成功したかに見えても、安心はできません。次なる脱皮の必要に迫られることになるからです。つまり、一度の脱皮で済むわけではないということです。節目節目に次なる課題が次々と目の前に立ち現れ、新たな闘いを余儀なくされることでしょう。

今回の人生において、一人一人にそれぞれ更なる魂の成人にとって必要な、避けて通ることのできない節（試練）が待ち構えているはずです。そうした節に直面して、さあ一体どう判断し、行動するのでしょうか。その判断の一つ一つが、その後の人生行路を変えてゆくことになります。節は何とか逃れたい、避けたいというのが人情だとは思います。しかし、そこはやはり踏ん張り時です。闘いの時です。もちろん、時には勇気ある撤退ということもあるのでしょうが、私たち信仰者は、闘いにおいて勇敢でありたいと願います。神に凭《もた》れ、自分の欲得を去り、天理に照らして自らのなすべきことをなしてゆく。そうした信仰者でありたいと願い、また、行動してゆきたいと思います。

②自我との対決

闘いにもさまざまな闘いがあるはずです。中でも最大の闘いは、やはり自分自身との闘いです。他人や事物の存在、あるいは慣習や制度など、一見、敵は外にあるかのように考えがちではありますが、最大の敵は、やはり自分自身です。自分の中にある「心」こそが、闘いにおける最大の敵となるはずです。

振り返れば、夢で教祖のお導きをいただき、ビジネスの世界から宗教の世界へと一八〇度の転身をなし、現在があります。転身にあたっては、会社の上司や同僚の説得をはじめ、さまざまに越えなくてはならないハードルがありました。周囲の無理解、心配、あるいは善意からの説得等が次々と立ちはだかってきたようにも思えました。言わば、「敵は外にある」かのような状況で、ささやかな「闘い」が繰り返されたわけです。

しかし、よく考えてみると、それは結局、自分の内なる決意が本物であるかどうか、自分自身が本当に確信し、納得しているかどうかを試されていたように思うのです。つまり、自分自身との闘いでした。未知の世界に飛び込むことへの不安、収入がなくなるのではないかという不安、結婚できなくなるのではないかという不安、将来どうなるのか分からないという不安、わざわざ会社を辞めなくとも、仕事を続けながら信仰してもいいのではないかといった誘惑と妥協……など、最後は「本当に転身するのか」「大丈夫なのか」といった、自分自身との闘いでした。それでも、やはり真理の道を選びたいという強い心の疼《うず》きが勝り、それまで築き上げてきた環境、人間関係を全て捨て、新たな人生に挑戦することに決めたわけです。

一旦、覚悟して「捨てた」という経験により、心の中に何か一本柱のようなものが立ったように感じます。必ずしも十分なものではないかも知れませんが、それは自分自身に対する信頼のようなものでもあり、環境に左右されない強さのようなものでもありました。言葉を換えれば、自らの使命を信じ、その使命に忠実に生きようとする決意でもあります。

人生における節はいろいろにあるでしょうが、結局は「自我との対決」です。自分の心の中にある、自分本位の心、自分かわいいの心、自分を守ろうとする心、逃げる心、卑怯《ひきょう》な心、臆病な心、怠惰な心等との対決です。こうした自我というものを、どれだけ捨て切ることができるかということです。この自我こそが、生きてゆく上において、さまざまな人間関係等における葛藤や軋轢《あつれき》、苦しみを生み出す元にあるものであり、各人が必ずや対決しなくてはならないものです。

自我との対決とは、言葉を換えれば、いかに心のほこりを払拭《ふっしょく》するかということです。私たち信仰者は、八つのほこり（をしい、ほしい、にくい、かわい、うらみ、はらだち、よく、こうまん）を教えられていますが、いかにしてこうした心のほこりを払うかが問われてきます。

そのために、一つには日々おつとめをしている訳ですが、手を振りながら、どれだけ真剣にほこりを払えているかということです。この自我の払拭は、「生きること」と表裏一体をなす根っこの部分の払拭になるので、そう簡単にはいきません。繰り返し繰り返し何年も何十年も意識して続けなくてはならない大変忍耐の要る闘いだと思います。しかしながら、その心構えと努力は決して無駄にはならず、やがて成果は現れ、一皮剥《む》けた自分、成人した自分を自らが確認することができるようになるはずです。そこにまた、静かな喜びが生まれます。

成人への道のりは、決して苦しいばかりの道のりではないはずです。その苦しみと見えし陰には、必ずや大きな喜びが待っています。そしてその喜びが力となり、自分自身を強くし、更に次なる闘いに向けたエネルギーになってゆくと感じます。

③自己変革—常識を打ち破る

特に私たち日本人は、その謙虚な国民性故にか、世界のリーダーとして果たすべきさまざまな役割を期待されているにも拘らず、なかなかそうした期待に応えることができずにいます。リーダーとなるためには、それなりの資質や能力が求められ、また、責任を伴います。更にはその覚悟も必要でしょう。リーダーになることを、内心において恐れたり、あるいは遠慮して受け止めることができなければ、現実にその役割を果たしてゆくことは難しいと言わざるを得ません。

このことは、一般論としてではありますが、天理教の信仰者にも当てはまると思います。すなわち、私たち天理教の信仰者は、陽気ぐらし世界建設という壮大な目標を示されているにも拘らず、謙虚さからか、あるいは信仰的情熱不足からか、あるいは自信のなさからか、なかなかその使命を果すべく、勇躍することができずにいるように感じます。もちろん、余りにも壮大な目標なので、そう簡単には目標を達成することができないのは当然のことですが、少なくとも目標達成に向け、少しでも前進しようとする熱い情熱や高い志、あるいは柔軟な発想がなくては、到底目標に近づいてゆくことはできません。

何か新しいことをやろうとすると、「それは難しい」とか「それはできない」、あるいは「今までにやったためしがない」といった否定的な意見がそれなりの理由と共に必ずと言ってよいほど出てきます。前進を阻もうとする事由はそれぞれウソというわけではなく、事実を語っている場合も多いと思われます。また、不要なリスクはなるべく避け、安定を求めるのも自然な感情かと思われます。

しかし、人類の歴史は、常識を打ち破り続け、不可能を可能としてきた歴史でもあり、その結果として今日《こんにち》があります。今では誰も不思議には思わない飛行機なども、発明以前であれば、金属の塊が飛行機となって空を飛ぶことなどは到底考えられなかったはずです。また、テレビであっても、今ではごく当たり前に見ていますが、これもよく考えてみると、実に不思議なものです。なぜ電波に乗って映像が映り、音声が聞こえてくるのでしょうか。やはり、発明以前であれば、信じられない魔法のように感じたはずです。

そうしたかつての「常識」あるいは「思い込み」は、次々と打ち破られ、人類は進歩し続けてきたわけです。そうすると、現在の常識といえども、当然打ち破られ、新たな常識に取って代わられる運命にあるはずです。そうであるならば、常識の枠内で、あるいは従来の考え方、従来の行動様式の延長線上で同じように考えているだけでは、必ず頭打ちとなり、更なる発展は望めなくなります。つまり、陽気ぐらし世界建設を前進させることができなくなるわけです。今という時代にあっては、大胆に常識という名の殻を打ち破ってゆかなくてはならないと思うのです。

それは個人に当てはめて考えてみても同様です。即ち、私たち信仰者一人一人の自己認識が小さいと、その小ささに応じた程度でしか物事の実現は期待できなくなります。もちろん、尊大になったり、傲慢《ごうまん》になったりすることのないよう、厳に戒めなくてはなりませんが、小さく自己限定をかけてゆく考え方は捨てなくてはなりません。

例えば、若者であれば、職業選択一つとってみても、はじめから自己限定をかける必要はないと思います。この地球上にはさまざまな職業があるお陰で、数多くの人々が互いに助け合いながら生きることができているわけです。それぞれの能力や徳分等に応じ、それぞれがそれぞれの職業を通して使命を果たせばいいわけです。この地球上のどこで何をしてもいいわけです。大切な点は、他の人々のお役に立てるよう、自らが使命感を感じることができるような分野で真実を尽くすということです。ある人は宗教家としての使命があり、ある人は起業家としての使命があるかもしれません。また、同じ天理を伝えるにしても、言葉によって伝える人、音楽や映像を通して伝える人、絵画を通して伝える人など、さまざまな方法があると思うのです。要は、それぞれの魂に応じた働きを通じ、陽気ぐらし世界建設の一翼を担っていくということです。

そこで申し上げたいのは、自分自身に対する自己評価を変えてみる必要があるということです。私たち人間は、どうしても過去の延長で現在を考え、現在の延長で未来を考えがちです。それはごく自然な心の傾向性ではあると思います。しかしながら、未来は単に過去の延長ではありません。大きく変化する時、あるいは大きく変えなくてはならない時があると思うのです。今まで通りの発想で、今まで通りの生き方をしている限り、未来の自分も世の中も、過去の延長としてほぼ決まってしまいます。もっともっと素晴らしい自分、もっともっと神様のお役に立てる自分へと自己変革することが可能なはずです。

とりわけ、信仰を通して神様とつながる時、「たんたんとよふぼくにてハこのよふを　はじめたをやか入こめば」「このよふをはじめたをやがみな入こむで　どんな事をばするやしれんで」（『おふでさき』十五　60-61）とのお言葉にもあるように、大きく脱皮することが可能なはずです。自分の心さえ変われば、自分が眺めている風景も変わり、自分を取り巻く環境も変わってくるはずです。信仰者として「かくありたい」と強く願う明確な自己イメージさえあれば、その方向に向け、自分で自分の心を変え、自分の生き方を変え、生きる環境を変えてゆくことができるはずです。

全ては心一つです。従って、もし惰性でもって毎日を生きているのであれば、どこかでその惰性を断ち切らねばなりません。勇気をもって、納得できるような自分自身へと自己変革する決意と努力が求められるのです。

④発想の転換

常識を打ち破ることに関連し、特に現代のような変革の時代においては、発想の転換が必要不可欠だと思います。物事の考え方を変えなくては、行き詰まり、衰退への道を歩むことになってしまうということです。言葉を変えれば、今まで掴んでいたものを捨てなければなりません。たとえ今まで苦労して身につけてきた知識や常識、考え方であったとしても、大胆に捨てなければならない時代になりました。

たとえば仕事一つとってみても、従来であれば、前任者がしていたのと同様に仕上げれば、さほど問題はなかったことでしょう。それで一応合格点は出ていたかと思います。しかし、今という時代にあっては、そもそもその仕事自体本当に必要なのか、そもそも何のためにやっている仕事なのかを根本から問い直さねばならなくなったということです。仮にまだ必要な仕事だとしても、もっと別のやり方はないか、もっと良い方法はないか、相手は何を望んでいるのか、ちゃんと成果は上がっているのか、といったことを常に考え、発想の転換を心がけておかないと、貴重な時間と労力を無駄にしてしまうこととなり、その結果、成果も上がらず、士気も下がってゆくことになってしまいます。

例えば、同じ仕事をするにしても、発想を転換するだけでまったく新たな世界が展開してくることがあります。私が感銘した一例を挙げますと、それは「エスキモーに冷蔵庫を売る」という以下の話です。

「イノベーションは、昔からの製品の新しい用途の開発であることもある。冷蔵庫を食物の凍結防止用としてエスキモーに売り込むことに成功したセールスマンは、新しいプロセスや製品を開発した者と同様、イノベーションの担い手である。」（P．F．ドラッカー、『変革の哲学』91頁、ダイヤモンド社）

通常、温暖な地域に住む者としては、冷蔵庫はあくまでも冷蔵用と考えてしまいます。つまり、暑さで食物が傷んだり、腐ったりしないよう、冷たいところで保管するわけです。そのための冷蔵庫です。しかし、これも一種の思い込みであって、こうした思い込みがあると、寒冷な地に住むエスキモーには冷蔵庫は必要ないと考えてしまいがちです。ところが、上記引用にあるように、冷蔵庫を凍結防止用に使うという逆発想がありうるわけです。あまりに寒い地域であれば、冷蔵するためではなく、凍結しないように冷蔵庫を利用するわけです。これは私も迂《う》闊《かつ》にも全く想定しておらず、思わず「なるほど」と唸《うな》ってしまいました。

似たような例として、アフリカにシューズを売り込みに行った営業マンの話がありますか。実話かどうかは定かではありませんが、大体、以下のような話だったかと思います。

シューズメーカーの営業マン二人がアフリカにまでシューズを売り込みに行きました。ところが、訪れた地域の原住民は、皆裸足で暮らしており、シューズを履く習慣などないことを知ります。一人はそれを見てがっかりし、売り込みを諦《あきら》めてしまいます。ところが、もう一人は、「誰も履いていないなら、履いてもらえばよい。まだ手つかずの巨大マーケットが眠っている」と考えたのです。

このように、同じものを見ても、全く異なる考え方が生まれ、その後の展開も全く違ったものになりうるということです。何事につけ、実にさまざまな発想の仕方が可能なので、事態がいかに打開され、いかに新天地が開けてくるかは、いかなる発想ができるかにかかっているのです。

再三私が言っている「魂」についても、考え方を変えてみる必要があります。これほど大事なことが、学校の教科書では教えられていません。この事実を当たり前と思ってはならないと思います。目には見えず、確認することができないといった理由により、学校、特に公教育で「魂」について教わることはありません。ところが、例えば水は熱すれば水蒸気となり、小さな粒子となって大気中に霧散し、人間の目には見えなくなります。目には見えなくとも、確かに存在するので、再び冷やせば凝結して水に戻ります。また、目には見えずともさまざまな周波数を持つ電波が存在し、機器の力でそうした目には見えない電波をキャッチすることができます。

魂の存在も同様です。目には見えませんが、確かに存在しています。神の存在もそうです。そうした存在から真実のメッセージが伝えられてくるのです。そうしたメッセージの中核とは、人間は一人の例外もなく、皆、生き通しの命をもつ神の子であり、陽気ぐらしをするために創られた存在であること、また、環境や出自、能力等にかかわらず、誰もがたすけあって陽気ぐらしができる可能性を秘めており、それは銘々の心次第であることなどです。こうしたことを教えて不都合なことは何一つないはずです。こうした人間の本当の価値をしっかりと教えることができていないが故に、その当然の結果として、物事の見方・考え方が刹那《せつな》的となり、相手に対する配慮を欠いた自己中心的な考え方が広がってしまうのです。その結果、例えば学校の勉強にしても受験や就職の手段程度にとどまってしまい、また、善悪のけじめがつかず、いじめ等、人間の尊厳を貶《おとし》める蛮行が横行することにつながってゆくと考えられます。

従って、目に見えるものしか信じられないような唯物的世界観をいち早く打ち破る必要があります。一見科学的であり、合理的と思われるそのような世界観は、実は肉体がまとっている外側の「衣服」しか見ていない表面的世界観です。「衣服」をまとっている主体である肉体、すなわち「魂」を認識する本質的世界観こそが、今、求められている世界観であり、その先にこそ、人類には更なる発展への道が開かれてくるはずです。私たち信仰者は、そのような新たな、開かれた世界観の下、陽気ぐらし世界建設を目指し、新時代を創る覚悟が求められているのです。

⑤時代を見抜く先見力

時代を創るからには、やはり「先が見えている」、あるいは「先に見えるべき姿が明確に描けている」必要があると思うのです。極めて先の見えにくい今という時代であるからこそ、向かうべき方向性を見極める力が一番求められているのではないかと感じます。それは現代という時代が、恐らく類まれなる時代の変革期にあり、従来の価値観や世界観、あるいは権威や制度といったものが、急速にその価値を失いつつあるからのように感じます。

事実、世の中は混迷と停滞の中にあり、未来の展望が開けていません。こうした時代においては、目指すべき目標、進むべき方途が示されない限り、人々は右往左往し、混迷が止むことはありません。かつてのように、既定の路線、既存の制度や組織などに乗っかってさえいれば安心という時代は終わりました。もはやそうしたものに頼って安心や安定を得ることはできなくなっているということです。

会社にしてもそうです。一流企業といえども、時代の流れを読み誤れば、あっという間に経営危機に陥り、倒産しかねない時代になってきました。企業だけではありません。老舗《しにせ》と言われるようなところ、また、学校や団体等、さまざまな組織や集団が未来への生き残りをかけて悪戦苦闘しているような状況です。宗教であっても例外ではありません。現代に生きる人々が、少しでも陽気ぐらしに向けて勇み、たすかってゆけるような救済力をしっかりと発揮できなければ、やがては人々から頼りにされなくなり、忘れ去られてゆくことになります。社会が複雑化し、ストレスがたまりやすくなり、精神的にも身上や事情が増えている現代にあっては、そうした現代人に見合った救済のあり方が求められていると思うのです。

もちろん、いかなるおたすけにおいても、その根底にあるのは変わることのない真実の心ですが、例えば親子でも、そのわずか二、三十年の違いで大きく価値観や考え方が変わります。従って、現代であれば現代にふさわしい救済のあり方を模索する努力を怠ってはならないと思うのです。そうなると、医療や福祉、教育、科学、政治、経済など、人間が生きてゆく上で関係してくるさまざまな分野に関わる宗教的アプローチが求められてくると思われます。

そうした全ての分野に共通して求められる大切なものの一つが「先見力」だと思います。それは原因・結果の連鎖から先を読むという一面もありますが、もう一つ、未来のあるべき姿を提示してその方向に時代を啓蒙してゆくという方法もあると思うのです。それはまさしく未来社会を創り出してゆくという信念、あるいは覚悟と表裏一体をなすものです。

では、どのような未来社会を創り出してゆくべきなのでしょうか。それは「魂の真実」に基づく未来社会であると確信します。そのためには、まずは従来この国を広く覆ってきたかに見える唯物的な世界観・価値観、すなわち、目に見え、手で触ることのできるこの世的な世界のみに基づく「閉じた」世界観に引導を渡すことです。そして、従来、宗教が説いてきた世界観、すなわち、目に見えず、手で触ることのできない魂的世界観に基づく「開かれた」世界観を提示することです。この開かれた世界観は、「信仰」という手段によってはじめて感知し、悟得しうるものです。こうした「開かれた」世界観に基づく社会こそが来るべき未来社会となるはずであり、また、こうした開かれた「魂的世界観」「魂的人生観」「魂的価値観」に基づき、さまざまな分野における現代的アプローチが具体的に模索されるようになると考えられます。果たしてどの程度そうした「未来社会」建設が成就するかは、私たち信仰者の双肩にかかっていると言っても過言ではないと思います。

⑥沈黙は金《きん》にあらず

さて、時代を創る覚悟について述べて参りましたが、その締めくくりとして「沈黙は金にあらず」を挙げておきたいと思います。これは、特に現代の日本人、とりわけ私たち天理教信仰者が心して意識しておくべき大切な心構えであると考えます。

日本においては、「以心伝心」といった言葉もあるように、言葉に出さずとも相手の気持ちを付度《そんたく》したり、あるいは厳しいことを言って物事を荒立てずに丸く治める文化が根付いています。「阿吽《あうん》の呼吸」といった言葉もありますが、こうした沈黙の内になされるコミュニケーションには、相手に対する思いやりもあり、奥深く、優れたものがあると感じています。従いまして、沈黙を単純に否定するつもりはありません。

しかしながら、苦しみや混乱、停滞、抑圧、放逸、無関心、無気力、自己保身、あきらめなど、陽気ぐらしを妨げると思われる状況がもしあるのであれば、その現状を打破し、陽気ぐらし実現を推し進めるべく、やはり言うべきことは言えなくてはならないと思うのです。問題点や改善すべき点があると気づいているにもかかわらず、それらを黙認し、放置していてはならないと思います。

もしも、そのような問題点、改善点があるにもかかわらず、そのまま黙認し、現状を維持し続けるのであれば、それは決して大人の態度などといったものではなく、本気で陽気ぐらし世界の実現を願ってはいないことを意味します。それは自分自身の弱さであったり、事を荒立てることを恐れる保身であったり、年齢・

立場などからくる遠慮であったり、あるいは過去の延長に甘んじ、目先の現実に安住する、いわゆる「易きに流される心」に他なりません。そうした態度では、陽気ぐらし世界建設が進むことはありません。

特に信仰者は、善悪を判断する宗教的価値基準を比較的明確に持っているため、良いことと悪いことの判断がつきやすく、また、そうしたことに多少なりとも敏感になっているかと思われます。それ故に、「悪」と思われることに気がつき易く、その「悪」に対してどう対処するのかが問われることになります。

もちろん、「悪」といっても、さまざまなレベルがありますが、そうした「悪」に気づいた時に、やはり沈黙を破り、言うべきことを言い、なすべきことをなせる信仰者でありたいものです。それは必ずしも大勝負における闘いに限らず、日々の生活におけるささやかな闘いを含めてです。そうした信仰者となるためには、ある意味「自分」を捨て、「神は自分の側に立ってくれている」と思える強い確信が必要であり、また、そうした確信を持てるよう、日々の鍛錬が求められるはずです。そうした陰の努力なくしては、たとえ「言うべきこと」であっても、そう簡単には言えないと思われるのです。

また、モノを言うには勇気が要ります。しかし、私たち人間は、せっかく言葉を話せるように創っていただいているわけですから、その言葉は「陽気ぐらし」に向かうよう積極的に活用しなくてはならないと思うのです。果たして自らが語る内容が本当に正しいのか、陽気ぐらしに向かっているのか、余計な混乱を生むことになったりはしないか等、不安はあるかもしれません。しかし、私たち信仰者には、神様の教え、即ち、天理という心の定規があります。そうした定規に照らし、思案し、正すべきは正し、変えるべきは変え、悪なるものは改めてゆくことが求められていると思うのです。何も言わなければ何も変わりませんし、他人との葛藤や衝突を避けることもできるでしょう。表面上は何事もなく、平穏に事が運んでいるかのように錯覚してしまいますが、それでは問題そのものは何一つ解決されず、くすぶり続けます。そうであっては陽気ぐらし建設は前進しないだけでなく、問題はむしろ悪化し、更に多くの人々に苦しみを先送りすることになりかねません。

やはり、言うべきことは言うことが大事です。「沈黙は金にあらず」です。時には後になって言ったことは間違いであったと気づき、後悔することもあるかもしれませんが、その場合はしっかりと反省なりお詫《わ》びをし、修正に向けた努力をするとともに、今後の教訓として活かしてゆくことです。

また、言うことには責任も伴います。従ってそれだけの真実の心、強い心がないと、言えないことも多いと思われます。だからこそ、言うべきことを敢《あ》えて言うことの積み重ねが心を鍛え、さらなる成人、ひいては智慧の蓄積へとつながり、その結果、より多くの方々のお役に立つことができるようになるのです。

一点、反対意見の効用について付け加えておきたいと思います。物事を議論して決める場合、最終的には「満場一致」が望ましいのは当然のことと思われます。ただ、その結論に至る過程においては、相反する意見がむしろ必要であるということです。もちろん、議論の内容にもよるのでしょうが、反対意見が出されることにより、逆の視点が生まれます。その結果、議論の幅が広がり、それまで見えていなかった問題点を明るみに出すことができるようになります。

はじめから皆が賛成する場合、それは確かに気持ちよく、安心できる一面はありますが、実は隠されているさまざまな問題点が見逃されやすく、後々そうした問題が顕在化して混乱を引き起こす危険性があります。皆の意見に水を差すことに対する遠慮、あるいは無責任からくる安易な賛成もありうるので、たとえ本意ではないとしても、敢えて反対意見をぶつけ、全体的にバランスのよい緻密《ちみつ》な議論へと誘導することは、時として非常に大切です。これもある種の「おたすけ」であり、「沈黙は金にあらず」の一例となります。

第五章　現代に生きる

①豊かさの肯定

この「豊かさの肯定」は、現代において、そして未来社会を考える時、私たち信仰者が心して克服してゆかねばならない大きな課題です。それは本教が、真の意味において世界たすけを行う世界宗教化を目指すのか否かにもかかわってくる問題でもあります。即ち、「貧しいことは決して望ましいことではない」ということです。もちろん、貧しさの中にあってこそ、モノのありがたみをしみじみと実感することができ、感謝の心が湧きやすいという一面はあります。他の方々からの親切を身にしみて感じることができるのも、特にそうした困窮の極みにある時でしょう。しかし、だからといって貧しさを掴み続け、いつまでも貧困の状態に居座り続けていてはならないと思うのです。

教祖は、「水を飲めば水の味がする。親神様が結構にお与えくだされてある」(『稿本天理教教祖伝』40－41頁)と、貧に落ち切られた道をお通りくださいました。しかし、注意したいのは、そのように貧のどん底に落ち切ることそのものが最終目的ではないということです。そうではなく、たとえどのような環境にあっても、私たち人間は親神様のご守護を受け、生かされているという真実を知り、与えられていることに感謝できる心を見失ってはならないということだと思うのです。これは障害についても言えることだと思います。

教祖が自らお通りくだされた貧に落ち切る道も、それが節となり、やがて大きく芽を吹いて今日の大教団に発展してきたわけです。多くの人々がたすかり、多くの人々から信頼され、感謝されているのであれば、教団であれ、組織であれ、支えられて発展することは自然なことです。そのように発展することにより、更に多くの人々の喜びやたすかりが可能になるわけです。逆に言えば、多くの人々からの感謝や支えがなくなれば、教団であれ、何であれ、衰退していかざるをえないということです。

企業であっても、そのサービスなり商品が、多くの人々に喜ばれてこそ、収益につながり、発展することができるわけです。そうなれば、その企業に勤める人々やその家族の生活を支えることができ、家庭も安定します。家庭が安定すれば、夫婦円満、家族円満の支えにもなるはずです。また、子供であれば、学校で勉強したり、進学したり、あるいはスポーツや習い事をしたりと、学びや経験の幅を増やすこともできるようになります。ところが、もしもサービスなり商品が悪ければ、そうしたサービスなり商品は購入されなくなり、収益は上がらず、経営危機が訪れ、やがては倒産してしまうことになるでしょう。そうなってしまっては、そこで勤めていた人々の生活―夫婦円満や家族円満―にも支障をきたし、子供にも悪影響が及ぶことになります。場合によっては、国からの援助を受けるなど、助けてもらう側になってしまいます。

従いまして、特に現代においては、やはり豊かに発展してゆくことは大切であり、救済力を支える富や豊かさを否定してはならないということです。金銭に代表される富や経済力の豊かさは、実生活のみならず、心の救済を推し進める上でも、現実的に大きな力を持っているのです。

例えば、世界各地で各種の募金活動が行われていますが、戦争や災害、貧困の中にあって苦しむ人々に対し、募金を通してなされる救済活動には大きな力があります。苦しむ人々に対し、金銭の助力を得て食糧や衣類、医薬、更には教育や就労等の支援を提供することができれば、そうした人々にとっての大きな喜びとなり、また、たすかりになるはずです。まずは生命の安全が確保されることが大切ですが、そうした金銭の助力を得た支援が、心の救済にも大きく影響していると思われます。

また、お供えに関しても、それが信仰生活、あるいは心の成人においても大切な理由は、命に次いで大切とまで言われることのある金銭を神様に差し出すことによって執着を去り、報恩感謝の心を涵養《かんよう》するだけでなく、差し出された富が、教えを広げ、陽気ぐらし世界を建設してゆく上において現実的な力となるからです。従って、陽気ぐらしを推し進めてゆこうと言うのであれば、貧しさを礼賛し続けていてはなりません。豊かになることは、決して悪いことではなく、良いことなのだと思っていればこそ、豊かさを素直に受け入れることができ、引き寄せることにつながります。あたかも合わせ鏡のように、心通りの世界が次第に展開してくるはずです。もちろん、何もしないでただ待つのではなく、勤勉に働くなど、そのために必要な努力が前提となることは言うまでもありません。

素直に受け入れるべき事実は、豊かな経済力があれば、それは救済を推し進める力として活用できるだけでなく、心の余裕をも生み出すということです。心に余裕が生まれれば、さまざまな悩みや不安、ストレスを解消する上においても大きな力になるということです。この事実は多くの方々にもきっと身に覚えがあることでしょう。

歴史的には、さまざまな宗教において、豊かさ、あるいは富といったものに対して否定的な見方が多かったように思われます。例えばキリスト教においては、「富んでいる者が神の国にはいるよりは、らくだが針の穴を通る方が、もっとやさしい」（『新約聖書』マタイによる福音書第19章24節）といった言葉が聖書に見られます。これでは、単純に考えると、富んでいる者は絶対に神の国に入ることはできないと解釈されます。また、仏教においても、一部には聖職者が金銭に直接触れることを禁止するなど、金銭を欲の象徴、あるいは穢《けが》れたものと見なしているように思われます。

もちろん、それぞれの時代的背景や、こうした言葉が発せられたTPO（時、所、機会）があるため、単純にキリスト教や仏教を非難する気は全くありませんが、伝統的に宗教は「清貧」、すなわち、「清く、貧しい生き方」を肯定し、豊かさに対しては否定的であったように思えるのです。また、そうした「清貧」の姿こそが宗教者としての理想の姿でもあると考えられてきたのでしょう。

金銭に代表されるこの世の富は、事実、その高い有益性故に、人間の欲望を刺激し、肥大化させ、心にほこりを積ませ、道を踏み外させてきた誘惑の元でもあります。その結果、多くの人々を「陽気ぐらし」から遠ざけてきました。それほど魅力的な金銭であり、富であるからこそ、宗教ではその危険性に対していち早く警鐘を鳴らし、目には見えないもっと大切なものがある、即ち、心こそ、豊かにすべき最も価値あるものなのだといったことを教え続け、金銭や富に対して一線を引いて人々を転落から守ろうとしてきたと考えられます。そのように、「清貧」の思想は、いわば心の防波堤としての役割を果してきたと言えそうです。そうした役割の大切さは現代においても失われることは無く、ある意味ではますます必要になっているかもしれません。

しかし、その一方において、特に現代のように高度に文明が発達した社会においては、そうした文明を生かし、物心共に豊かな社会を目指すことが求められていると考えられるのです。人々の智慧と努力の結果、貨幣制度が確立され、農業や漁業といった一次産業だけでは到底成立し得ない現代社会においては、貧困はむしろさまざまな苦しみや葛藤を生み、ひいては犯罪の温床ともなり、不幸な人々を拡大生産しかねません。先に挙げた企業の例でも、倒産などにより、一家の大黒柱が収入源を失えば、家族は大変な苦労を強いられることになります。更には、信仰者であれば、貧しさ故に、おたすけの機会を失ったり、必要なおたすけができないといったことも考えられます。もちろん、「たすけたい」「たすかってもらいたい」という真実の心こそが何よりも大切なのですが、そうした真実の心があったとしても、「現実的支え」がなければ、不本意な現実に後悔することもあるはずです。従って、物質面と精神面の両面における「豊かさ」は、決して否定すべきものではなく、陽気ぐらし世界建設を推進してゆくための大きな力になることをはっきりと肯定しておく必要があります。

更に言えば、金銭的豊かさに代表される富は、それがどう使われるかによって、その富が生きもし、死にもします。それを使う者の心次第で善にも悪にもなりうるということです。間違った欲の心で使えば、不幸や苦しみを生むことにつながります。やはり、正しい信仰を持つ者が豊かな富を持ち、それを社会に貢献し、世の中を善導できる方向で還元していただきたいものです。そうすれば、この世の陽気ぐらし世界建設は一層前進します。逆に、信仰心無く、あるいは信仰を否定するような自己中心的な者が豊かな富を持てば、そうした富は他の人々や社会のために使われることなく、陽気ぐらし世界建設は進みません。従って、心ある信仰者がいつまでも貧しさに甘んじていることは、神様が望まれることだとは思えません。やはり、心の豊かさを中心としつつも、富を否定せず、それをこの世の陽気ぐらしを増進してゆく方向で使うことこそ、現代において求められている考え方であると思います。

そもそも神様は限りなく豊かな存在です。何もないところからこの世界、人間を創造されているわけです。全てを無限に蔵している存在が究極の神であるはずです。そうであるならば、神に近づいてゆく道とは、無限の豊かさに近づいてゆく道でもあります。これは必ずしも大金持ちになることだけを言っているわけではなく、必要なものが、必要なとき、必要なだけ与えられるといった意味での豊かさでもあります。更には、健康や良き人間関係、智慧の蓄積といった豊かさも含まれるでしょう。こうした豊かさが実現しないのであれば、豊かになることを否定したり、遠慮したり、罪悪視したり、あるいはどこか後ろめたさのようなものを感じている心がないかどうかを点検しておくべきでしょう。多くの方々のたすかりを願い、陽気ぐらし世界建設を願うからこそ、豊かさを享受する資格があるのであり、その豊かさを報恩感謝の気持ちで素直に受け入れ、更にはお返ししてゆくことこそが、現代において求められる大切な考え方になるはずです。

②政治と宗教

混迷する日本の政治を見るにつけ、宗教の力不足を痛感する今日この頃です。政治不信も深刻で、国民の期待を裏切ることが余りにも多く、政治への失望感も蔓延《まんえん》しているかに思えます（二〇一二年、民主党政権当時）。一方、本来は政治をも啓蒙し、大きな価値判断や方向性において神意に照らして正しく導いてゆく責務があるはずの宗教も、そうした責務をなかなか果たすことができずにいるのが現状かと思われます。

政治と宗教との関係について、特に問題であると感じているのは、日本では政教分離の意味が往々にして誤解されていることです。すなわち、多くの方々は、政治と宗教はお互いに一線を画し、完全に分離しておかなくてはならないといったように考えている節があることです。それ故にか、政治に対する関心が意外と薄い信仰者が多く、政治に対して積極的な働きかけをすることに対し、遠慮しているようにも感じるのです。

しかし、そのような遠慮はまったく不要です。なぜならば、人間創造の目的である陽気ぐらし世界建設は、あの世、つまり天国においてなされるものではないからです。そうではなく、今、私たちが現実に生きている「この世」において実現されなくてはならないものだからです。政治は、この世の全国民の生活に、直接的かつ具体的な影響を及ぼすものであるため、誤った政治が行われると、その被害は甚大となり、陽気ぐらし建設は大きく遠のいてしまう危険性があるからです。

もちろん、陽気ぐらしは最終的には心の次元において判断されるべきものですが、政治が人々の現実の暮らし―消費や雇用、税金、保障、教育、医療―といった全ての国民の実生活上のさまざまな重要事項に直接関係するため、陽気ぐらし実現を大きく左右するものであることは率直に認めざるを得ません。そのように大きな現実的影響力を持つ政治だからこそ、誤った判断の下、陽気ぐらしに逆行することのないように願うのは当然のことです。そうした危険を未然に防ぐためにも、宗教が政治に関心を持ち、善導することは、宗教に課せられた尊い責務の一つでもあると考えます。もちろん、細かい専門的な議論についてはお任せするしかありませんが、国民の生命や財産、生活や教育等に関する大きな方向性、あるいは長期的視点からの啓蒙は必要であり、また、啓蒙できるだけのものが宗教の側にも求められてくると思います。

例えば、所得再分配の名の下、富裕層から税を強制的に多くとり、貧困層へとばら撒《ま》くような政策は、一見優しく平等な政治でありがたいと思ってしまいがちです。しかし、富裕層を生み出せる政策をしっかりと打たずに、ただ税金を多く取るだけでは、やがては富裕層がいなくなり、社会全体が貧困に沈み込んでゆくという恐さを秘めています。もちろん、一定のセーフティーネット（社会保障）は必要でしょうが、やはり基本としては、各人が勤勉に働いて正当な報酬を得ることによって社会の富を増やし、発展できる仕組みづくりを目指すべきでしょう。

これに関連し、格差がよく問題視されますが、努力した者が報われる社会にしないと、人々のやる気が削がれ、社会の発展が止まってしまいます。努力してもしなくても皆同じ扱いというのであれば、やがて努力する者がいなくなり、人々は停滞、衰退、貧困という名の平等に甘んじることになってしまうでしょう。従って、格差を単純に罪悪視してはならないと考えます。適正な格差があることは、むしろ社会の健全性を示すバロメーターでもあります。

恐いのは、国が何かと面倒を見てくれる体制は、一見優しくてありがたい制度に思えるのですが、こうした制度が続くと、やがて社会の活力が失われ、甘えと堕落《だらく》につながり、後々かえって大きな苦しみをもたらすことになってしまうことです。更に恐いのは、国民が知らず知らずの内に国家に支配され、国民の自由が束縛される管理統制型社会を生み出す危険性を秘めていることです。万が一にも、信教の自由をはじめとする大切な自由が損なわれるような体制には、決してしてはなりません。

人間は、自然な性向として自分中心、目先の利害得失を中心に物事を判断してしまいがちです。また、民主主義においては、国民に優しい、聞こえの良い言葉が世論を形成しやすいという現実があります。しかし、感情論に流されたり、そうした世論に迎合することなく、冷静に、未来社会をも視野に入れた陽気ぐらし視点を提示することは、宗教にとって極めて大切な責務の一つです。そうしたことができれば、宗教に対する信頼も回復し、やがては宗教を基本に据えた理想の陽気ぐらし国家づくりが現実味を帯びてくることでしょう。それができないようであれば、やはり宗教としての力不足であり、克服すべき課題があることを意味していると思われます。

さて、さまざまに述べて参りましたが、本来、政教分離とは、政治と宗教が互いにかかわりあってはいけないという意味ではありません。そうではなく、むしろ国家権力から「宗教を守る」ことを目的としたものです。つまり、特定の宗教が国家権力と一体化して他の宗教を弾圧することのないよう、いわば宗教を保護するのがその本来の目的であるはずです。本教も明治期には国家権力による弾圧を受け、一時神道等の傘下に入ることを余儀なくされた時代がありました。いわゆる「応法の道」とも言われるものです。そうならないようにと規定されたものが政教分離であることをしっかりと理解しておく必要があると思います。

結局、申し上げたいことは、宗教を排除すれば良い政治がなされ、良い国ができるわけではないということです。もちろん、世の中には邪教と呼ばれる悪しき宗教もあるので、そうした宗教に政治的権力を行使してもらっては困ります。そうではなく、寛容性のある、真に人々を幸せな人生へと導きうる価値観・世界観を持つ正当な宗教が必要だということです。そうした精神的価値規範があってこそ、人も国も安心して強く発展してゆくことができるのです。また、そうした精神的価値規範に基づいて善悪の判断もなされ、悪しきものがあればそれを正すことができるわけです。そのためにも、私たち信仰者がそうしたことを実証する使命があると思います。

信仰者は決して弱々しい人間ではありません。また、弱くあってはならないと思います。信仰があるからこそ、強くなり、良い判断もでき、人々の手本となりうるはずです。もしも価値判断の基準がなく、また、精神の拠り所がなければ、自然な成り行きとして唯物的で自己中心的な考え方が蔓延し、人々の精神性が劣化し、道徳・倫理観念が失われ、陽気ぐらし世界とは逆の世界が実現してしまうことになるでしょう。

歴史を振り返ってみても、日本においては、古来政治と宗教は密接な関係にありました。遠く神代の時代は古事記や日本書紀に譲るとして、聖徳太子による政治は、憲法十七条に見られるように、明確に仏教精神に基づいて政《まつりごと》が行われ、それまでの世襲的な氏姓制ではなく、才能や功績に応じた柔軟な人材登用がなされ、国家体制の確立に大きく貢献したとされます。また、奈良時代の聖武天皇は、同じく仏教の鎮護国家の思想によって国を治め、天平文化を生み、国際色豊かな律令国家の最盛期を現出しました。近現代においては、特に明治維新以降、いわゆる国家神道が日本の国教のような位置づけとなり、国威発揚の原動力になったと思われます。しかしながら、先の大戦で敗れて以来、宗教はあたかもその神通力を失い、また、その後の占領政策の影響もあって、宗教に対する人々の不信感や警戒感が広がってしまったように感じています。

ところが、世界を見渡してみると、例えばアメリカでは、大統領は就任時に聖書に手を置いて宣誓しています。また、二〇一二年オバマ氏とアメリカの大統領選を戦った共和党のロムニー氏も、熱心なモルモン教の宣教師としてフランスで伝道活動に従事していました。またドイツのメルケル首相も、父親がプロテスタントの牧師であり、本人はキリスト教民主同盟の党首（二〇一二年時点）でもあります。

このように、そもそも神を信じることは世界では人間としてごく当たり前のことであり、信仰者が政治に携わるのは当然のことです。むしろ、恐れるべきは、信仰なき者が政治に携わることでしょう。世界標準で言えば、信仰を持たないということは、人間の尊厳を否定し、謙虚さの真意を知らず、価値規範を持たないことを意味します。従って、政治と宗教は、いわば表裏一体です。根本的価値規範なく、誤った判断の下に政治が行われ、不幸が拡大し、そうした後に救いを求めて宗教の門を叩いても、もはや手遅れになりかねません。全国民の現実の生活に直接影響を及ぼす政治であるからこそ、やはり、神の心を忖度しつつ政治を行い、人々に幸福をもたらしていただきたいと願うのです。

結論として、本教が世界たすけを進めるにあたっては、まずはおぢばのある足下の日本を生かすべく、政治をも含めた啓蒙・伝道活動を推進してゆく必要があると考えます。本物の宗教、究極の教えであればこそ、陽気ぐらし実現に向けたあらゆる人間活動に関して責任を持つのであり、その責任を果せるだけの力を持てるよう、更なる前進が期待されているのだということです。

③現代のおさしづ

三原典の一つとして『おさしづ』があります。本教の先人達の、膨大な量に上る信仰問答が収められており、私たち信仰者にとっての貴重な指針となっています。現代に生きる私たち信仰者がおさしづを学ぶ大きな意義として、各人がそれぞれに直面する課題や問題、ひいては現代社会のさまざまな課題や問題に対し、おさしづに照らして各人が解決の方途を見い出してゆくことが挙げられます。すなわち、信仰者一人一人が、おさしづに込められている「理」（神様の思し召し）をよく思案し、さまざまな問題に対して自らが、いわば「現代のおさしづ」を紡ぎ出し、解決の糸口がつかめるように成人することが極めて大切であると考えます。但し、易きに流れ、傲慢となって自分勝手な解釈を正当化することのないよう、この点はしっかりと肝に銘じておかなくてはなりません。

もちろん、悩みや問題の解決にあたっては、成人の進んだ方にアドバイスを請うことも大切であり、そうすることが問題解決の上で大きな力になることでしょう。しかし、特に学校を終え、年齢的にも成人に達した人間ともなれば、自ら責任をもって最終的な判断ができるように努力しなければならないと思います。自ら責任をもって判断するためには、そのような自分となれるよう、教えを定規として理を思案する習慣を身につける必要があります。また、さまざまな経験を積み、学び続ける努力も必要です。いろいろなことを積極的に学び、判断をするにあたっての材料を仕入れておく必要があるのです。さもないと、中身が空っぽでは、適切な判断の下しようがありません。

そうした学びの過程においては、他の方々からのアドバイスもいただき、大いに参考とすべきですが、やはり、最後は自らが判断を下すことです。環境がなかなかそうしたことを許さないこともあるかもしれませんが、やはり自分の人生に責任をもつのは最終的には自分自身です。そうであるからには、最後は自らが決断できる人間となれるよう努力する必要があります。

そのような努力は、決して自分一人だけのものではなく、多くの方々のお役に立つことができるように自分自身を変えてゆく努力でもあります。その結果、自らの成人を促し、さまざまな問題を自分なりに思案し、判断し、解決してゆく力が身につき、更には他の方々へのアドバイスもできるようになるわけです。これは陽気ぐらし世界建設を前進させる確かな力となります。
もちろん、自らが下した判断が間違う場合がないとは言えません。そうした事態はなるべく避けたいものですが、それでも誤った判断をした経験が無駄にはなりません。なぜ誤ったのかを見極めておくことで、その後の人生に役立つ貴重な教訓ともなり、更なる成人のための糧になるからです。また、そのような意識をもって、その「貴重な失敗」を生かさなくてはもったいない話です。

さて、現代のおさしづを出せるようになることが大切であると書きましたが、そのポイントは「正しさ」の見極めであると思います。神の目から見て、一体何が正しいのかについての思案です。多数決的に、多くの人がそう考えるからといって、必ずしもそれが正しいとは限りません。むしろ、大衆迎合はよく判断を誤ります。そうした誤りは、政治などによく見られる通りです。実際、正しさは往々にして少数意見の中に隠れているものです。本教を啓《ひら》かれたのも、元はと言えば、教祖お一人からでした。教祖お一人から、周囲の無理解、批難、ひいては迫害の中、神様の教えを説き続けられ、正しさの基準をお示しくださいました。

特に現代のように価値観が多様化し、かつ、変化の激しい時代にあっては、自分の外に判断のモノサシを求めては駄目《だめ》です。世間の流行、マスコミの評価、あるいは学歴、身分、立場など、そうしたモノサシはすぐにブレ、変化してしまいます。信仰者であるならば、自分の内に確かなモノサシを持つ必要があります。それは天理、即ち、神の心を基準としたモノサシであり、また、魂の真実に基づくモノサシでもあります。そのモノサシに照らし、「何が正しいか」「神の心はどこにあるのか」を思案し、結論を導き出すということです。はたしてその正しさは、自分自身を含め、他の人々にも陽気ぐらしが広がったのか否かで判断できるようになるでしょう。少なくとも、自分自身で自分の心がどう変化したのかは実感できるはずです。

以上、自分なりに「現代のおさしづ」が出せるような、言わば「思案の自立」からの成人について書きましたが、一つつけ加えておきたい大切なことは、そうした自立ができるようになる背景には、実は経済的自立が大きく影響している点です。信仰者は、往々にして精神的価値を重視し過ぎるが故に、経済力という現実的な足下の力を軽視、あるいは蔑視《べっし》してしまう傾向があるように感じます。しかし、一見相反するかに見える精神的自立と経済的自立は、実は相互に密接に影響しあっています。

例えば、経済的に親の脛《すね》をかじっているような状況では、自らの判断のままに生きようとしても、なかなかそう思い通りにはいかないはずです。生活や経済の基盤を他人に頼っているような状態では、どうしても遠慮や妥協、あるいは甘え等、精神的自由の制約を受け、主体的な判断、責任ある判断が難しくなってしまいます。従って、経済面における自立が、実は精神面における自立の、言わば前提条件にもなっていることを知り、現実的な足場固めにも配慮する必要があるのです。

④素直さの真意

信仰生活上、「素直さ」はよく耳にする言葉です。それは信仰者として、とても大切な徳目でもあります。それほど大切な「素直さ」ですが、神が期待するその真意について、改めて考えてみたいと思うのです。

普通、「素直」と言えば、言われたことをそのままに聞いたり行ったりすることと考えられていると思います。本教においても、他の方々、とりわけ目上の者から何か言われたり、頼まれたりした場合、「はい」と受け止め、言われた通りに実行することが素直と考えられているように思います。そうした態度は、確かに素直であり、相手からも喜ばれます。また、本人自身にとっても更なる成人へとつながってゆくものと思われます。

こうした、言わば受身的な素直さを大切にする一方、もう一段奥深く、能動的な素直さがあると思うのです。それは、自ら積極的に真理を探究し、そうした真理に従ってゆく態度です。言い換えれば、神の教え、あるいは神の心に対する「素直さ」であり、天理に照らして物事を判断する態度となります。これは「言うは易し、行うは難し」で、なかなか実践困難な態度です。なぜならば、判断の基準となる定規、すなわち、「天理」を見極めずしては成り立たない態度であるからです。天理というものを探求し、思案し続け、さまざまに生起してくる問題の解決に向け、天理に基づいて判断し、行動してゆく態度であるからです。つまり、素直であろうと努力する対象が、もはや人間ではなく、その奥にある神の心であり、神の説かれる教えそのものとなるからです。それゆえに、判断の主体はこちら側に返ってくることとなり、その責任もまた、自らに帰すことになります。

この素直さが身につくということは、精神的にも、思案力においても自立してくることを意味します。それまでのように、他の方々からのアドバイスに従っていれば済んでいた段階から、自らが責任をもって判断してゆく段階に入るからです。これは、先に述べた「現代のおさしづ」を出せるようになる段階でもあります。その自信がなければ、いつまでも他人の判断をあてにし、他人の判断に従うことになってしまいます。

もちろん、いかなる段階にあっても、他の方々からのアドバイスを受ける素直さは大切であり、必要なことですが、最後の判断を自らが下せるかどうかです。他の方々からのさまざまな意見を自分でよく思案し、消化できるかどうかです。その最後の決断がいつまでたっても下せないようであれば、それはまだ成人が足らず、また、自立もできていないことを意味し、親や先輩達が築いてきてくれた今日の社会を、陽気ぐらしに向けて更に前進させることができずにいるということです。

「出藍《しゅつらん》の誉れ」（弟子が教えを受けた後、先生よりもすぐれていくこと）という言葉もありますが、子どもがやがて親を超えて成人してゆくことは、親にとっても頼もしいことです。親の側としては、時期がくれば道を譲り、後を託すという意味での素直さが求められてきます。子の側としては、親に対する感謝、そして責任の自覚をもって道を譲り受け、親を乗り越えてゆくことが期待されるわけです。

結局、素直さとは、天の理、即ち、神の心に対して素直であろうとする態度であり、神に近づき、神と一体になってゆこうとする心の姿勢だと思います。真摯《しんし》な天理の探求なくしては、この「素直さ」を身につけることはできません。時に親や先輩、友人といった周囲の方々の意見と自らの意見が異なる場合もあるかと思います。そうした場合に、一つの試練が訪れることでしょう。まだ未熟で自らの判断に自信がなければ、他人の意見を尊重し、素直に受け入れ、従うことになりますが、自らの思いに私心なく、神様は自分の側に立ってくれていると確信できるのであれば、逆に周囲を説得し、自らが信じる道へと踏み出す勇気が湧いてくることでしょう。その結果、果たしてどのような展開になるのかは分かりませんが、そうした自立への「試練」そのものが魂を鍛え、更なる成人への糧になることは間違いないはずです。また、そのような試練を経てこそ、未来に向けて新たな道を切り拓いてゆくことのできる、真の「あらきとうりょう」（パイオニアの意）になれるのではないでしょうか。

⑤試練を乗り越え、希望の未来へ

さて、時代は風雲急を告げていますが、この国は夜明け前の暗がりに立ち往生しているかのようにも感じます。さまざまな事件・事故等はつきませんが、この国はまだ起き上がらず、寝床でまどろみを貪《むさぼ》っているかのようにも見えます。一見平和なようでいて、その実、精神を蝕《むしば》む危機は深く静かに進行し、いつの間にか、強く、潔く、凛としたサムライ精神、正義を貫く覚悟が薄れ、風前の灯のように消えてゆこうとしているのではないかと危惧します。

そうした責任の一端は、宗教にもあると考えます。この世の利害を超え、神の心を定規として物事を思案し、判断し、ケジメをつけ、良きものは伸ばし、悪しきものは解消してゆく力が宗教にはあるからです。そうした判断の拠り所を持たなければ、何をどのように判断するというのでしょうか。自然な成り行きとして、自分の損得を中心に物事を考えることになってしまいます。

信仰者は、信仰を持つことにより、強く、自由になれるはずです。信仰を持つことにより、弱く、不自由になっていては本末転倒です。それでは信仰する意味がありません。信仰を持つがゆえに、心を伸びやかに解放し、そう簡単には折れないしなやかで強い心ができてくるはずなのです。もしもそうなっていないのであれば、信仰のあり方に、どこか問題があるはずです。

また、信仰を持つことは、何か昔に逆戻りするように感じている方がおられるかもしれません。当然、古き良きものは大切にしなくてはなりませんが、信仰は本来、未来志向です。なぜならば、信仰には目指すべき理想があり、その理想を信じ、その理想を実現しようと願うからです。また、信仰は積極的です。どこまでも理想実現に向け、前進しようとするからです。従って、失敗を恐れずに挑戦する姿勢なくしては、本物の信仰者とは言えません。結果がどうであれ、挑戦するその気概そのものに意味があるはずです。

今、この日本という国は、大きな試練の時を迎えているように感じます。国としての精神的価値規範がなく、目指すべき具体的な未来ビジョンが見えず、近隣諸国との関係も悪化しています。ただ遠慮して優柔不断であったり、あるいは口先で「平和」を唱えるだけではこの国は守れず、また、この国が良くなることもありません。そうであっては、陽気ぐらしは望めなくなります。善悪のケジメをつけられない事なかれ主義では、根本的な問題解決は期待できません。陽気ぐらしを押し広げてゆくためには、それなりの覚悟が求められると思うのです。それは目先の利害得失を超える覚悟であり、天理に照らして進むべき方途を見極め、断行する覚悟です。そうした覚悟の基にあるのが、「魂」の視点に立つ考え方になるはずです。

すなわち、今、私たちが生きているこの世界は、私たちの子や孫たちが生きてゆく世界でもあります。更には、未来において私たちが再び生まれ変わってくる世界でもあるということです。そうしたかけがえのない世界であるからこそ、私たちは陽気ぐらし世界建設を進めてゆく尊い意義があるのです。暗雲たなびく時代であるからこそ、その暗雲を吹き払い、試練を乗り越え、希望の未来を切り拓いてゆきたいと心より願う次第です。

あとがき

何はさておき、今必要なことは、「魂の真実」への目覚めです。魂という生き通しの命があることを知り、確信することです。それが天理教の数々の教えの中でも、核心的な教えとなるはずです。「魂の真実」への目覚めなくして、この命を真に輝かすことは難しいと言わざるをえません。「魂の真実」への目覚めなくして、信仰者としての使命を果たし切ることはできないでしょう。出直しの恐怖に怯える方々に対し、その恐怖を癒し、泰然とおたすけ心で接することを可能にするのも、この「目覚め」です。

「かしもの・かりもの」に込められた魂の真実は、いわば宗教の奥義にあたる教えでもあり、全ての人々にとって勇気の源泉ともなる希望です。そしてその目覚めは、おたすけを押し広げ、世の立てかえを推し進める上にも大きな力を発揮することでしょう。さらには、世界宗教への確かな前進の礎にもなることでしょう。

暗雲たなびく現代であるからこそ、こうした魂の真実を探求し、掘り下げる努力が求められています。この国を守り、世界へ陽気ぐらしを広げてゆくためにも、今、全ての人々の「魂の目覚め」が切望されているのです。

末筆になりましたが、本書出版にあたりご尽力下さいました善本社手塚容子社長および編集スタッフの皆様、そして推薦のお言葉をいただきました天理大学飯降政彦学長、天理教道友社永尾教昭社長、キッズネット天理田中善一代表、道の経営者の会塩澤好久世話人代表に心より感謝申し上げます。

平成二十五年　初夏

田林宏章

田林宏章
たばやしひろあき

1960年東京生まれ。一橋大学経済学部卒業（経済数学専攻）。大手エンジニアリング会社にて国際金融業務に従事。同社退社後、米国クレアモント大学大学院修士課程修了（宗教哲学専攻）。現在天理教教会本部、第二ひのきしん寮副寮長、天理大学国際学部非常勤講師ほか。

魂の目覚め　―新世界への誘い―
平成二十五年七月二十六日　初　版発行
平成二十五年十月二十六日　第二刷発行
著　者　田　林　宏　章
発行者　手　塚　容　子
印刷所　善本社事業部
〒一〇一-〇〇五一　東京都千代田区神田神保町二-十四-一〇三
発行所　株式会社　善　本　社
TEL（〇三）五二一三-四八三七
FAX（〇三）五二一三-四八三八

ISBN978-4-7939-0463-9　C0014